तीन नाटक

अपभ्रंश

कोठा

प्यार कैसे होता है?

तीन नाटक :

अपभ्रंश

कोठा

प्यार कैसे होता है?

रमाशंकर निशेश

वाणी प्रकाशन

वाणी प्रकाशन

4695, 21-ए, दरियागंज, नयी दिल्ली 110 002

शाखा

अशोक राजपथ, पटना 800 004

फ़ोन: +91 11 23273167 फ़ैक्स: +91 11 23275710

www.vaniprakashan.in
vaniprakashan@gmail.com

TEEN NATAK : Apbhransh, Kotha & Pyar Kaise Hota Hai?
by Ramashankar Nishesh

ISBN : 978-81-8143-959-8
Play

संस्करण 2009
आवृत्ति 2014

मूल्य : ₹ 300

हर्ष प्रिंटर्स, नयी दिल्ली-110 093 में मुद्रित

वाणी प्रकाशन का लोगो मक़बूल फ़िदा हुसेन की कूची से

दो शब्द

नाटक दो पक्षों को लेकर आरम्भ होता है। एक ओर है कठिन परिश्रम द्वारा लक्ष्य की प्राप्ति, दूसरी ओर है आडम्बरों में जीवन को बहा देने की प्रबल इच्छा। आज के बदलते परिवेश में जीवन को जीने के स्थान पर सिद्धान्तों एवं आदर्शों के बोझ ढोते चले जाना मात्र मूर्खता है। मनुष्य न जाने कब से इन सुखों की अधिक से अधिक खोज करता चला आया है और अपनी इस खोज के द्वारा उसने जीवन को अधिक से अधिक सुगम बनाने का प्रयास किया। उसकी इस प्रबल इच्छा के द्वारा ही सम्भवतः विज्ञान जैसे विषय का निर्माण हो सका हो। तब इस जीवन को क्यों न जी भरकर जीया जाये और समय के साथ कदम से कदम मिलाकर चल दिया जाये।

दो विभिन्न दृष्टिकोण एक-दूसरे से टकराते हैं। अपने-अपने रास्तों को तय करने अपनी-अपनी ओर मुड़ जाते हैं। समय व्यतीत होता चला जाता है परन्तु सत्य जो मात्र सत्य ही होता है, वास्तविक रूप लेकर धीरे-धीरे उजागर होने लगता है। आडम्बरों का आवरण तार-तार होकर बिखर जाता है। तब वास्तविकता इतना भयानक रूप लिये हुए होती है जिसकी कल्पना भी नहीं की जा सकती।

—रमाशंकर निशेश

अनुक्रम

रमाशंकर निशेश
19/12, ओल्ड राजेन्द्र नगर
नयी दिल्ली-110060

अपभ्रंश

'अपभ्रंश' नाटक का प्रथम मंचन 8 दिसम्बर, 1985 को साहित्य कला परिषद्, दिल्ली के 'युवा महोत्सव' में 'प्रतिबिम्ब' द्वारा प्रस्तुत किया गया। भूमिकाएँ इस प्रकार थीं–

मंच पर

योगेश	:	अशोक निशेश
नीरा	:	मीनाक्षी अय्यर/रंजना वर्मा
इला	:	पूनम/कमल शर्मा
प्रमोद	:	कृष्णकान्त/शशि शर्मा
किशोर	:	शेखर त्यागी
विद्या	:	कुसुम बिष्ट/कविता शर्मा
मि. वर्मा	:	वसन्त पाण्डे/सुशील शर्मा
रमकू	:	के. एस. भारद्वाज
कापड़िया	:	निर्मल बंसल/ओ. पी. रामपाल
खचेड़ू मल	:	कमल भारद्वाज
गोयना	:	मधुसूदन/करण सूद

नेपथ्य में

प्रकाश	:	कृष्णकान्त
मंच	:	अशोक निशेश
वेशभूषा	:	मंजु जैन/दीपाली निशेश
रूप-सज्जा	:	गिरधर गोपाल
ध्वनि	:	काव्य कुमार

निर्देशक : आनन्द शर्मा

दृश्य : एक

स्थान : किशोर सेठ का घर। आधुनिक ढंग से सजा एक कमरा जिसमें एक ओर ऊँचाई पर बार बनी हुई है। किशोर और विद्या वार्तालाप कर रहे हैं।

किशोर : क्या बात है, कुछ उदास हो?

विद्या : नहीं तो।

किशोर : इस खूबसूरत चेहरे पर उदासी मैं बिल्कुल बर्दाश्त नहीं कर सकता। तुम्हें और कुछ नहीं करना, बस सिर्फ खुश रहना है। मैं इस हसीन फूल को हमेशा ही मुसकराते हुए देखना चाहता हूँ। यस, तुम्हें मेरी एवरग्रीन ब्यूटी ही बने रहना है।

विद्या : छोड़ो, खूबसूरती हमेशा कब किसकी रही है।

किशोर : जरूर रही है, ये रही मेरे सामने। आज हम दोनों को एक साथ रहते पूरे पन्द्रह साल बीत गये, मगर तुम आज भी उसी तरह हसीन हो जिस तरह पहले थीं। मैं तो कहूँगा पहले से भी ज्यादा निखार आ गया है तुम पर।

विद्या : थैंक यू फॉर द कम्प्लीमेण्ट।

किशोर : नहीं-नहीं, मेरा यकीन करो। (लम्बा साँस लेता है।) बस यहाँ जब तुम्हारे पास आता हूँ तो लगता है कहीं थोड़ा सकूल है वरना तो हर वक्त एक भागा-दौड़ी, जद्दोजेहद। ओफ...

विद्या : दो दिन से कहाँ रहे, घर नहीं आये आप?

किशोर : वही तो बता रहा हूँ। हालात ने इस कद्र बाँध रखा है कि पूछो मत। घर में बच्चे, उनकी हर रोज की नयी-नयी प्रॉब्लम, जरूरतें। फिर सबसे ज्यादा परेशान तो इन रिश्तेदारों ने किया हुआ है। कभी किसी की शादी अटेण्ड करो, तो कभी किसी का जन्मदिन। ओफ, एक

आफत है। मैं तो कहूँगा आदमी को अपना सोशल सर्किल ज्यादा नहीं बढ़ाना चाहिए, बड़ी मुश्किल हो जाती है। अब क्या करता, पहले तो एक मैरिज पार्टी अटेण्ड करने फैमिली के साथ जाना पड़ा। उसके बाद जैसे ही घर वापस आया तो ट्रंक-काल आया रखा था कि बहुत इम्पार्टेण्ट पार्टी कलकत्ता से आ रही है, उससे फौरन मिलूँ। मिलना पड़ा। सिर्फ मिलना क्या, पूरा इन्तजाम उसका देखना पड़ा। अब वहाँ से फारिग होकर सीधा तुम्हारे पास आ रहा हूँ। वैसे सब ठीक तो है?

विद्या : हाँ-हाँ, ठीक होने को क्या होता।

किशोर : तुमने काफी मिस किया न?

विद्या : नहीं, अब ऐसी तो कोई बात नहीं है।

किशोर : हाँ, होनी तो नहीं चाहिए, फिर मैं तुम्हारी हर रिक्वायरमेण्ट का सबसे ज्यादा ध्यान रखता हूँ। तुम अकेली ही घर में क्यों बैठी रहती हो, मैं न हुआ करूँ तो कहीं इधर-उधर घूमने चली जाया करो।

विद्या : घूमने कहाँ?

किशोर : कहीं भी। इतना बड़ा शहर है। फिर तुम्हारे पास गाड़ी है, ड्राइवर है। सभी कुछ तो है। यू शुड एन्जॉय। अरे, और नहीं तो किसी सिनेमा हाउस में ही घुस जाया करो—थोड़ा वक्त तो गुजरेगा।

विद्या : अकेली?

किशोर : नहीं-नहीं अपनी किसी फ्रेंड को ले जा सकती हो।

विद्या : किसके पास इतना वक्त है?

किशोर : अरे, हाँ मेरे कुछ बहुत ही नजदीकी दोस्त कलकत्ता से यहाँ आये हैं, उन्हें तुमसे मिलवाऊँगा। बहुत बड़े बिजनेसमैन हैं।...और हाँ, अभी कुछ रोज पहले उन मिस्टर योगेश का जिक्र आया था न!

विद्या : **(चौंकती है)** कहाँ?

किशोर : क्लब में। सुना है वह यूनिवर्सिटी में किसी डिपार्टमेण्ट का हैड हो गया है और रिसर्च के किसी काम पर उसका ऑनर होने जा रहा है। अब वह योगेश से डॉक्टर योगेश हो गया है, गाड़ी-वाड़ी भी मेन्टेन कर ली है। कुछ भी कर ले, मगर सौ सुनार की एक लुहार की, यानी तुम्हारा मुकाबला नहीं कर सकता। जितनी तनख्वाह महीने में उसे मिलती होगी उतनी तो तुम्हारे नौकर-चाकरों पर खर्च हो जाती है। क्यों...

विद्या : **(कोई जवाब नहीं देती)**

किशोर : फिर अगर हिम्मतवाला था तो कोर्ट में हाजिर होकर दिखाता। तुम्हारे डाइवोर्स के कितने ही नोटिस कोर्ट से उसे सर्व करवाये, मगर एक का भी उसने जवाब नहीं दिया। आखिर वन साइडेड डिग्री हो गयी। वह तो तुमने रोक दिया, नहीं तो मेन्टेनेन्स चार्जेज क्लेम कर उसकी सारी जिन्दगी की पे तक अटेच करवा देता।

विद्या : छोड़ो इन सब बातों को। तुमने कहीं बाहर चलने के लिए कहा था।

किशोर : हाँ-हाँ, जल्दी ही मैं कोई बिजनेस टूर बनाता हूँ। फिर तुम्हें भी साथ लेकर चलूँगा। वहाँ दोनों काम एक साथ हो जायेंगे। इधर बिजनेस, उधर तुम और मैं। खूब जी भरकर एन्जॉय करेंगे, खूब घूमेंगे।

विद्या : यह सब तो तुम पहले भी कई बार कह चुके हो।

किशोर : हाँ-हाँ, मगर मौका ही नहीं बना। बस, अब जल्दी ही मैटिरियलाइज कर डालता हूँ।

विद्या : देखो, मैं अब बहुत ही अकेलापन महसूस करती हूँ।

किशोर : मगर क्यों, तुम्हारे पास कमी किस बात की है?

विद्या : वह सब ठीक है, मगर कम्पनी तो कम्पनी ही है।

किशोर : वह मैं तुम्हें कब नहीं देता। जैसे ही वक्त मिलता है--तुम्हारे पास दौड़ा चला आता हूँ।

विद्या : अब तो क्लब या किसी पार्टी में गये भी काफी रोज गुजर गये हैं।

किशोर : हाँ, इन दिनों कोई ऐसी पार्टी हुई ही नहीं जिसमें तुम्हें ले जाया जा सकता। वही रिश्तेदारों में ब्याह-शादियाँ जिनमें सिवाय फैमिली को ले जाने के, पर्सनल लोगों को ले ही नहीं जाया जा सकता।

विद्या : क्यों?

किशोर : भाई, वह सिर्फ फैमिली गैदरिंग होती है।

विद्या : तो क्या मैं फैमिली की नहीं हूँ।

किशोर : क्यों नहीं हो, जरूर हो, बल्कि उससे भी ज्यादा।

विद्या : फिर?

किशोर : इन फंक्शन्स में सिर्फ दकियानूसी लोग ही ज्यादा इकट्ठे होते हैं।

विद्या : तुम भी तो होते हो!

किशोर : मजबूरी है, क्या कर सकता हूँ।

विद्या : मैं भी ऐसा ही समझ सकती हूँ।

किशोर : नहीं, ऐसा नहीं हो सकता। तुम सब कुछ समझकर भी अनजान बन रही हो।

विद्या : नहीं, मैं अनजान अब बिलकुल नहीं हूँ, सब कुछ समझने लगी हूँ।

किशोर : क्या समझने लगी हो?

विद्या : यही कि मैं सोने चाँदी के महल में बन्द एक वह औरत हूँ जो खाये तो सोना, पीये तो सोना, देखे तो सोना, बाकी और कुछ नहीं।

किशोर : कमाल करती हो तुम! आज के जमाने में और इन्सान को क्या चाहिए। फिर तुम्हें तो मेरा शुक्रगुजार होना चाहिए जो मैंने तुम्हें उस भूखी-नंगी जिन्दगी से निकालकर एक शानदार जिन्दगी में लाकर बैठा दिया।

विद्या : हाँ, सचमुच तुमने मुझ पर बहुत बड़ा अहसान किया है ये सब कुछ करके। आज सचमुच मैं इन दोनों का अन्तर देख पा रही हूँ। सचमुच ही तुम्हारी बहुत अहसानमन्द हूँ...

किशोर : यह क्या फिजूल की बातें सोचने लगी हो। फिर तुम तो जानती हो, मेरे पास वैसे भी वक्त की कमी रहती है। ये जो दो पल हमें मिल जाते हैं इन्हें तो कम से कम हमें यूँ बरबाद नहीं करना चाहिए। तुम बिल्कुल फिक्र नहीं करो, सब ठीक हो जायेगा। धीरे-धीरे सब ठीक हो जायेगा। कम ऑन, भूल जाओ सब कुछ।

किशोर उसे अपनी बाँहों में भरने लगता है। विद्या जड़ के समान खामोश खड़ी रहती है। अँधेरा।

ख प्रकाश। किशोर अब जा चुका है। विद्या टूटी-सी एक आरामकुर्सी पर बैठी कुछ सोच रही है। अपनी और योगेश की परछाई उसे दिखाई देती है, जिसे देख वह चौंक पड़ती है। प्रकाश होने पर योगेश एक टेबल पर बैठा लिख रहा है। दाढ़ी बढ़ी हुई है। घर अस्तव्यस्त-सा दिखाई दे रहा है। विद्या बाहर से प्रवेश करती है।

विद्या : तुम अभी तक बैठे लिख रहे हो!

योगेश : हाँ, तुमने आज बहुत देर कर दी लौटने में।

विद्या : पार्टियों में तो अकसर देर हो ही जाती है। बहुत जोरदार पार्टी थी।

योगेश : अच्छा!

विद्या : सोचती हूँ, कभी ऐसा मौका भी आ सकेगा जब खुद एक पार्टी अरेन्ज कर सकूँगी?

योगेश : सोचा है तो जरूर आयेगा।

विद्या : सोचा तो बहुत कुछ था, मात्र सोचने से होता क्या है!

योगेश : सब कुछ पहले सोचने से ही होता है।

विद्या : हाँ-हाँ, होता होगा, मगर तुम्हारी तरह सोचते रहने से कभी नहीं होता।

योगेश : क्या बात है, आज तो बाहर से ही मूड ऑफ है।

विद्या : मूड ऑफ नहीं होगा क्या, जानते हो आज मेरी एक फ्रेंड ने बातों-बातों में आखिर कह ही दिया कि तुम अपने घर कब इन्वाइट करने जा रही हो।

योगेश : तो बुला लो कभी, इसमें परेशान होने की क्या बात है।

विद्या : हाँ-हाँ, बुला लो किसी को भी, जबकि इस घर में ढंग के दो बर्तन तक नहीं। पार्टियाँ सिर्फ कहने से अरेन्ज नहीं होतीं, उनमें पैसा खर्च होता है। इस घर में तो सिवाय दाल-रोटी के और कभी कुछ हो ही नहीं सकता।

योगेश : आदमी को वही शायद जरूरी है।

विद्या : हाँ, तुम्हारे खयाल से होगा—मैं तो इस घर में बोर हो गयी हूँ।

योगेश : **(लिखने से ध्यान हटाकर उसकी ओर देखता है।)**

विद्या : यह भी कोई जिन्दगी है! फिर तुम पता नहीं ये हर वक्त क्यों लिखते रहते हो। न कहीं आने के, न जाने के। आदमी दो-चार लोगों से बाहर मिले-जुले तो कम-से-कम उसके कांटैक्ट तो बढ़ते हैं, आगे बढ़ने का कोई-न-कोई रास्ता निकल ही आता है।

योगेश : बेकार इधर-उधर भटकने से क्या फायदा! आदमी का रास्ता उसके अपने पास ही होता है। उसे खुद बनाना पड़ता है।

विद्या : मत किया करो ये किताबी बातें, बहुत चिढ़ होती है मुझे इनसे।

योगेश : ठीक है, नहीं करता। तुम अभी-अभी बाहर से आयी हो, एकदम गुस्सा नहीं करना चाहिए।

विद्या : क्या गुस्सा नहीं करना चाहिए। घर में घुसते ही बस मूड ऑफ हो जाता है।

योगेश : विद्या, वास्तविकता समझो।

विद्या : क्या समझो, जिन्दगी कोई रबड़ तो नहीं, जिसे खींच कर लम्बा कर लिया जाये।

योगेश : परिस्थितियों से थोड़ा-बहुत जूझना ही पड़ता है।

विद्या : वे कभी ठीक न हुईं तो?

योगेश : तो और जूझना चाहिए।

विद्या : और जूझते-जूझते समाप्त हो जाना चाहिए! क्यों?

योगेश : **(मुस्कराते हुए)** यही तो इन्सान की परिभाषा है।

विद्या : ओफ, विश्वास टूटने लगा है।

योगेश : नहीं टूटना चाहिए—वही तो मात्र आशा का केन्द्र है।

विद्या : सब कोरी कल्पनाएँ हैं। इस घर के हालात कभी हमारे पक्ष में नहीं होंगे। बस इसी तरह जूझते हुए ही समाप्त हो जाना है।

योगेश : तो क्या हुआ?

विद्या : यह आत्महत्या है।

योगेश : नहीं, जीवन की परिभाषा। अधिक इच्छाएँ उसे अस्त-व्यस्त कर देती हैं। वे बढ़ती हैं तो जीवन एक बोझ-सा मालूम होने लगता है। थोड़ा साहस से काम लो, मैं जो कुछ कर रहा हूँ वही मेरे लिए उचित है, क्योंकि इसी सबसे मैंने जीवन को आरम्भ किया है। बाहर दिखाई दे रही हर वस्तु हमारे लिए है, उसे भोगना केवल हमारा ही अधिकार है—ऐसा सोचना अपने रास्ते से भटकना है जो एक मूर्खता है। तुम मेरी पत्नी हो। हमने विवाह से पूर्व एक-दूसरे को देखा है, समझा भी है। एक-दूसरे के विषय में हम सभी कुछ जानते हैं। अतः आवश्यकता है एक-दूसरे के सहयोग की। मेरा विश्वास करो, जो तुम चाहती हो वह अवश्य सम्भव हो सकेगा—बस प्रश्न केवल धैर्य और साहस का है।

विद्या : मुझमें ये सब अब समाप्त हो चुके हैं।

योगेश : ठीक है, फिर मेरे किन्हीं तर्कों का कोई प्रश्न नहीं उठता। तुम्हें जो उचित लगता है, वही करो। मैं सिर्फ इतना ही कहूँगा जीवन चलकर ही जीया जा सकता है, उड़कर नहीं।

प्रकाश मद्धम होता है। दोबारा प्रकाश फैलने पर विद्या पूर्व की स्थिति में है।

विद्या : **(स्वयं)** जीवन चलकर ही जीया जा सकता है, उड़कर नहीं—कितना बड़ा सत्य था यह! मैं उसे छोड़कर चली आयी...एकदम उड़कर...इस

वातावरण में जहाँ मेरा अपना कोई भी तो नहीं है। न कोई व्यक्ति, न वातावरण। बस सभी कुछ पराया-सा महसूस होता है। महसूस होती है एक घुटन, जो हर समय मेरे अन्तर को झकझोरती रहती है, हर क्षण...

(नौकर रमकू प्रवेश करता है।)

रमकू : बीबी जी!

विद्या : **(चौंकते हुए)** क्या है?

रमकू : बीबी जी, हमें छुट्टी चाहिए।

विद्या : छुट्टी क्यों?

रमकू : घर जाना है। हमारी बिटिया की शादी है।

विद्या : बिटिया की शादी?

रमकू : हाँ, बीबी जी! हमारी घरवाली ने लिखा है इस महीने के आखिरी हफ्ते में मुहूर्त निकला है। हम सोचते हैं थोड़ा जल्दी पहुँच जायेंगे तो ब्याह तक थोड़ा जुगाड़ कर लेंगे।

विद्या : कितने बच्चे हैं तुम्हारे?

रमकू : बस एक ही बिटिया है। वह भी अब परायी हो जायेगी। घर एकदम सूना हो जायेगा। हम तो जैसे-तैसे बाहर वक्त गुजार भी लेंगे, पर हमारी घरवाली के लिए तो एकदम ही मरना हो जायेगा। अरे बीबी जी, वह बड़ी ही अजीब औरत है। हम जब नौकरी करने शहर आते रहे, तो उसने घर में कोहराम मचा दिया।

विद्या : क्यों?

रमकू : कहने लगी कि हमको नौकरी करने परदेस में नहीं जाने देगी, आधा पेट गुजारा कर लेगी। हमने कहा—तू तो आधा पेट गुजारा कर लेगी, पर बिटिया के लिए तो पूरा पेट मिलना ही चाहिए। हम उसके माँ-बाप होकर उसे आधा पेट खाते कैसे देख सकते हैं। सुसरी फिर भी नहीं मानी। कहने लगी, 'हम घर में रहें, वह कहीं नौकरी कर लेगी।' बीबी जी, उसकी इस बात पर हमको तो गुस्सा आ गया।

विद्या : गुस्सा आ गया?

रमकू : और नहीं तो क्या, साली हमारे जिन्दा होते नौकरी करेगी और हम औरतन की तरह चूड़ियाँ पहनकर घर में बैठ उसकी कमाई खायेंगे, उसके मर्द होकर! बस खून खौल गया और हमने एक चाँटा उसी

वक्त साली के मार दिया। बस चाँटा क्या मार दिया कि आफत मोल ले बैठे...अजी, वह तो एकदम हमसे लिपट गयी। हमको एकदम ही दोनों बाजुअन से थाम लिया और रोते हुए बोली, नौकरी पर जा रहा है परदेस में तो अपने दोनों हाथों से हमारा और हमारी बिटिया का गला घोंट दे पहले। बिटिया को हमारे सामने उठा लायी। सचमुच बीबी जी, हम तो एकदम डर गये। बड़ी जालिम औरत है।

विद्या : फिर तुम नौकरी पर कैसे आ गये?

रमकू : बस आ ही गये...उसके मामा का एक लड़का था जो एक दिन हमारे गाँव आ गया। उसने कई दिन तक उसे समझाया और हमारी पूरी जिम्मेदारी ली, तब कहीं हमको उसके साथ ही भेजा। फिर भी हमारे दिखाई देने तक बिटिया को गोदी में उठाये खूब देर तक रोती रही।

विद्या : बहुत ध्यान रखती है तुम्हारा?

रमकू : हाँ, बीबी जी! घरवाली है ना...बस औरत की जात का घरवाली बनने के बाद ही पता चलता है, तभी हम किसी से नहीं घबराते, पर उसके सामने जरूर कमजोर पड़ जाते हैं। बड़ी जबरदस्त चीज है।

विद्या : तुम्हारी बेटी कितनी बड़ी है?

रमकू : अब कोई सोलह को पार कर गयी होगी समझो, पिछली बार हमने लड़के को भी देख लिया था, उसी ने सब कुछ पक्का किया था।

विद्या : अब तुम्हारी घरवाली को तुम्हारे बगैर अकेलापन नहीं महसूस होता होगा?

रमकू : क्यों नहीं, जरूर। **(हँसने लगता है।)**

विद्या : क्यों, हँस क्यों रहे हो?

रमकू : बस ऐसे ही, एक बात याद हो आयी।

विद्या : क्या?

रमकू : वह मिसाल होवे है ना हमारे दिहात में, कि बूढ़े तोते कभी नहीं पढ़ते, उसे एकदम गलत साबित कर दी।

विद्या : कैसे?

रमकू : ऐसे कि बचपन से अँगूठा टेकने वाली औरत ने पढ़ना-लिखना सीख लिया।

विद्या : **(आश्चर्य से)** क्या...?

रमकू : हाँ, बीबी जी, ये देखो...**(चिट्ठी निकालकर दिखाता है।)** ये हमारी

घरवाली ने ही लिखी है। हम तो कहते हैं औरत वह चीज है जो सब कुछ कर सकती है। आदमी के लिए तो अपनी जान की भी परवाह नहीं करती। हम यहाँ से कमाकर जो चार पैसे उसे भेजते थे उसने उन्हें बचाकर गाँव में पक्का मकान बनवा लिया और बिटिया को भी कई जमात पढ़ा दिया। बस हम तो समझते हैं आदमी-औरत अगर एक-दूसरे का साथ दें तो सब कुछ हो सकता है।

विद्या : तुम कभी अपनी घरवाली को शहर घुमाने नहीं लाये।

रमकू : कई बार हमने क़हा...

विद्या : फिर?

रमकू : वह कहती रही...पहले बिटिया को बड़ा कर लें, फिर चलेगी। बिटिया बड़ी हो गयी, तब हमने कहा, तो कहने लगी–बिटिया के हाथ पीले हो जायें तब चलेगी। बस अबके कुछ भी कहती रहे, हम साली की एक नहीं सुनेंगे।

विद्या : कहाँ घुमाने ले जाओगे?

रमकू : बस सारे तीर्थधाम। उसकी बड़ी इच्छा है बिटिया के ब्याह के बाद हमारे साथ तीर्थ पर जाये। हम जरूर लेकर जायेंगे। बिटिया के जाने के बाद तो हम उसे बिल्कुल अकेली नहीं रहने देंगे। बस अपने साथ ही रखेंगे। शहर अच्छा नहीं लगेगा तो गाँव चले जायेंगे।

विद्या : हाँ, जरूर। तुम्हें उसके पास ही रहना चाहिए...जाने से पहले मुझसे मिलकर जाना, कुछ सामान मेरी तरफ से अपनी बेटी को दे देना और एक साड़ी अपनी घरवाली को भी। कहना–वह बहुत अच्छी औरत है...बहुत अच्छी...(**गला भर आता है।**)

रमकू : बहुत-बहुत मेहरबानी, बीबी जी! भगवान आपका भला करे– आपको बनाये रखे

(रमकू प्रस्थान करता है।)

विद्या : (**स्वयं**) वह अपनी बेटी का ब्याह करने अपने गाँव जा रहा है। कितना खुश दिखाई दे रहा था। कितना गर्व अनुभव कर रहा था। उसकी औरत ने उसके बगैर इतने वर्षों तक उसकी बेटी को पाला...अपने किसी भी सुख की चिन्ता किये बगैर, कितने सारे अभावों के बीच। क्या उसे उसके बगैर कुछ भी नजर नहीं आया होगा...जरूर आया होगा, परन्तु उसने बजाय बाहर कुछ देखने के, अपने अन्दर ही सब कुछ देखा और एक लक्ष्य पर पहुँच गयी। शायद ये सब चलकर ही

सम्भव हुआ है।

इला भी तो बड़ी हो गयी होगी। उसके विवाह का समय भी तो अब निकट ही होगा। कल वह भी दुल्हन बनेगी, अपने घर चली जायेगी। कौन उसे विदा करेगा? कौन उसे डोली में बैठायेगा? कोई भी नहीं। मैं यह सब क्यों सोच रही हूँ। यह सब कुछ सोचने का मुझे क्या अधिकार है? हाँ-हाँ मुझे कोई अधिकार नहीं। मैं किसी की कोई नहीं हूँ। मेरा अपना कोई नहीं है। **(फूट पड़ती है।)**

(प्रकाश मद्धम)

दृश्य दो

नीरा बाजार से कुछ सामान खरीद कर लायी है, जो सेण्टर टेबल पर रखा दिखाई दे रहा है। योगेश, जो कुर्सी पर बैठा है, सब देख रहा है।

नीरा : ये साड़ी, ब्लाउज पीस इला के लिए। (**दूसरा कपड़ा उठाती है।**) और यह एक सूट का कपड़ा भी मैं उसके लिए ले आयी।

योगेश : हूँ।

नीरा : इसका कलर देखो, कैसा है। लाइट है न! उसे लाइट कलर ही ज्यादा पसन्द है। मैं साड़ी भी इसलिए ज्यादा गहरे रंग की नहीं लायी।

योगेश : ठीक है।

नीरा : और देखो ये गाउन, घर में इस्तेमाल करने के लिए।

योगेश : वह तो उसके पास है शायद।

नीरा : रंग कुछ फेड-सा हो गया है, ये गारण्टेड फास्ट कलर है।

योगेश : अच्छा।

नीरा : (**पर्स में से जेवर रखने की एक डिबिया निकालते हुए**) और यह देखकर बताओ इला को कैसा रहेगा? (**डिबिया खोल नेकलेस निकालती है।**)

योगेश : अरे, यह तो सोने का है! काफी कीमती होगा?

नीरा : मैं बहुत ही बारीक डिजाइन का लायी हूँ...इला को सिम्पल और आर्टिस्टिक चीजें ज्यादा पसन्द हैं, इसलिए...

योगेश : मगर यह तो काफी पैसों का आया होगा?

नीरा : नहीं-नहीं, कोई ज्यादा पैसों का नहीं है। (**अपने गले में पहनते हुए**) जरा देखकर बताना कैसा लगता है?

योगेश : बहुत अच्छा! एक्सीलेण्ट!

नीरा : इला को अच्छा लगेगा न?

योगेश : क्यों न अच्छा लगेगा, आखिर तुम लेकर आयी हो।

नीरा : नहीं-नहीं, यह बात नहीं। इला बड़ी ही स्ट्रेट फारवर्ड नेचर की है। वह बात को साफ कहने में जरा भी हिचकिचाती नहीं।

योगेश : हाँ, यह तो ठीक है...मगर तुम्हारा जरूर कुछ-कुछ लिहाज करती है।

नीरा : ठीक है।...तुम जरा खड़े तो होना। **(कार्ड बॉक्स में से कमीज निकालती है।)**

योगेश : क्यों?

नीरा : बस, कहा है खड़े हो जाओ, तो हो जाओ।

योगेश : अच्छा, लो। **(खड़ा हो जाता है।)**

नीरा : **(कमीज योगेश के कन्धों से लगाकर नापती है।)** ठीक है यह भी। वैसे तुम्हारा कॉलर साइज क्या है?

योगेश : पन्द्रह।

नीरा : देखा मेरी याददाश्त, मुझे ध्यान था तुम्हारा कॉलर साइज पन्द्रह ही होना चाहिए।

योगेश : क्यों, तुम्हीं तो हमेशा मेरे लिए शर्ट लाती हो। ध्यान तो अपने आप रहेगा।

नीरा : अच्छा-अच्छा, ये दो शर्ट में और ले आयी हूँ जिन्हें भी बराबर इस्तेमाल करना है...आपको एक शर्ट सिर्फ एक रोज ही पहननी है, दूसरे रोज नहीं। समझे!

योगेश : हूँ, समझ गया।

नीरा : और ये सूट का कपड़ा है। **(दूसरे थैले को खोलती है।)** मैं आते वक्त टेलर को बोल आयी हूँ, वह यहीं आकर नाप ले जायेगा।

योगेश : मगर ये इतना कुछ...

नीरा : इतना कुछ वितना कुछ नहीं, ये सब जरूरी है।

योगेश : मेरे लिए?

नीरा : और नहीं तो क्या, जानते नहीं तुम अब हैड-आफ-द-डिपार्टमेण्ट हो गये हो।

योगेश : तो उससे क्या?

नीरा : ठीक से रहना है।

योगेश : मैं ठीक से ही रहता हूँ।

नीरा : बस-बस रहने दो। सब देखा है तुम्हारा ठीक से रहना। अपने बारे में जितने लापरवाह तुम हो, शायद कोई भी नहीं होगा।

योगेश : मैं लापरवाह?

नीरा : हाँ-हाँ तुम। मैं जानती नहीं क्या इसीलिए तो सबसे ज्यादा फिक्र तुम्हारा रखना पड़ता है। कितनी बार कहा है आउटर मेंटिनेंस और इण्टरनल मेंटिनेंस दोनों ही इन्सान के लिए जरूरी हैं। मगर मैं देख रही हूँ, जितना मैं तुम्हारा ध्यान रखने की कोशिश करती हूँ, तुम उतने ही लापरवाह होते जा रहे हो।

योगेश : वह तो हो ही जाना है।

नीरा : क्यों?

योगेश : क्योंकि तुम जो ये सब देखती आ रही हो। अब एक काम को एक ही आदमी तो देख सकता है।

नीरा : मुझे तभी देखना पड़ता है जब तुम नहीं देखते।

योगेश : हाँ-हाँ, तभी तो मैं नहीं देखता। **(हँसने लगता है।)**

नीरा : तुम मेरी हर बात को मजाक में ले जाते हो, योगेश!

योगेश : नहीं-नहीं, मैं रियली बहुत सीरियस हूँ। अच्छा, एक बात पूछूँ, डोंट माइण्ड इट।

नीरा : पूछो।

योगेश : यह इतना कुछ तुम मेरे और इला के लिए खरीद लायी हो और अपने लिए...?

नीरा : मेरे अपने लिए सब कुछ है।

योगेश : सिर्फ मेरे और इला के पास नहीं है, क्यों?

नीरा : ओफ, तुम बात को समझते क्यों नहीं हो?

योगेश : हाँ-हाँ, बस मैं ही बात को नहीं समझता, लापरवाह हूँ, कोई ध्यान नहीं रखता।

नीरा : और नहीं तो क्या मैं गलत कहती हूँ। हर रोज सुबह आफिस जाते वक्त तुम्हें अगर चेक न करूँ तो मेरा दावा है जनाब बनियान के ऊपर कोट और पैरों में जूतों के बजाय बाथरूम चप्पल पहनकर आफिस चले जायेंगे।

योगेश : क्या बात कर रही हो तुम...

नीरा : क्यों, अभी पिछली बार जब इला को लेने तुम होस्टल पहुँचे थे, तब

क्या हुआ था? याद है पैरों में जुराबें नहीं थीं, सूट बगैर टाई के पहन रखा था। इला भी एक बार तुम्हें उस हालत में देखकर हैरान रह गयी थी, तभी उसने मेरी तरफ देखा था। ओफ, कितनी शर्म महसूस हुई थी मुझे!

योगेश : भाई, उस रोज कॉलेज से सीधा घर आना था, घर से फिर होस्टल पहुँचना था। अगर इन चक्करों में पड़ता तो जरूर बस मिस हो जाती।

नीरा : बस मिस हो जाती तो हो जाती, तुम तो कम से कम ठीक से आते। मैं और इन्तजार कर लेती।

योगेश : कर लेतीं तुम इन्तजार, ज़रा देर हो जाती तो सारा जमीन-आसमान सिर पर उठा हुआ होता।

नीरा : हाँ-हाँ, मैं साइकिक जो हूँ।

योगेश : बस, ले गयीं न मेरी बात को पर्सनल लेविल पर! और मैंने जो पूछा था उस सवाल को एकदम गोल कर गयीं। एनी वे, छोड़ो, यहाँ बैठो। (**नीरा बैठ जाती है।**) आज पे डे था न तुम्हारा?

नीरा : हाँ...।

योगेश : इन तमाम चीजों में कितना खर्च किया तुमने?

नीरा : क्यों, तुम्हें इससे क्या, मेरी पे थी, जो मेरे मन में आया खर्च किया।

योगेश : अरे, तो मैं कब इनकार कर रहा हूँ, सिर्फ पूछ ही तो रहा हूँ।

नीरा : पूरी खर्च कर दी।

योगेश : और अपने लिए कुछ भी खरीदने का तुम्हें ध्यान ही नहीं रहा। तुम तो कहती हो, मैं अपने बारे में लापरवाही करता हूँ। मगर क्या यह सब करके तुम अपने प्रति लापरवाही नहीं करती हो?

नीरा : मेरे लिए इला ले आती है।

योगेश : कब?

नीरा : जब उसका मन करता है।

योगेश : अच्छा, मगर वह सब जाता कहाँ है—मैं तो तुम्हें उसकी लायी चीज इस्तेमाल करते कभी नहीं देखता।

नीरा : अब तुम्हें ही क्या हर चीज दिखाई जायेगी!

योगेश : वह तो है ही। फिर इला अभी से इस घर की एक और अर्निंग मेम्बर भी तो हो गयी है। वह जो चाहे, जब चाहे खरीदकर ला सकती है।

क्यों?

नीरा : अर्निंग मेम्बर नहीं हो गयी है तो क्या हुआ, वैसे तो इस घर की मालिक है, जो चाहे कर सकती है।

योगेश : तुमसे बगैर पूछे...

नीरा : अब छोड़ो भी न, क्या फिजूल का टॉपिक लेकर बैठे हो।

योगेश : नहीं, ये फिजूल का टॉपिक बिल्कुल नहीं। आज तुम्हें यह बताना ही होगा, तुम ये इतना कुछ क्यों करती रहती हो? अपने को नेगलेक्ट क्यों करती हो?

नीरा : ओफ, तुम कभी-कभी तो बिल्कुल बच्चों की तरह किसी चीज के पीछे हाथ धोकर ही पड़ जाते हो। चलो, अब की बार मैं सब कुछ अपने लिए लाऊँगी, किसी के लिए कुछ नहीं लाऊँगी—ठीक? मगर देखो, इन सब चीजों के बारे में इला को कुछ नहीं मालूम होना चाहिए।

योगेश : क्यों?

नीरा : तुम नहीं जानते, कल उसका बर्थ-डे है। मैं उसे एकदम सरप्राइज दूँगी।

योगेश : अच्छा...

नीरा : हाँ, तब बड़ा मजा आयेगा।

योगेश : बेशक बहुत मजा आयेगा। **(गौर से देखने लगता है।)**

नीरा : तुम इस तरह मेरी तरफ क्या देख रहे हो?

योगेश : देख रहा हूँ तुम्हारे अन्दर की कोई ऐसी जगह भी है, जहाँ इला न हो।

नीरा : अच्छा तो लो, देख लो। **(हँस पड़ती है।)**

योगेश : यू रियली लव हर एक्स्ट्रीमली, नीरा!

नीरा : मिस्टर योगेश तुम्हें मालूम है—अपनी तारीफ मुझे बिलकुल पसन्द नहीं।

योगेश : तारीफ नहीं, मैं तो सच कह रहा हूँ।

नीरा : अच्छा, तब तो मानना पड़ेगा एक्सप्रेशन पॉवर और सेन्स ऑफ ह्यूमर कुछ ज्यादा ही डेवलप होता जा रहा है।

योगेश : क्यों, तो क्या पहले मैं बिलकुल डफर था!

नीरा : यह तो मैं नहीं जानती। हाँ, कुछ एबसेण्ट माइंडेड आपको जरूर देखा था। आज भी जब कभी सोचती हूँ कि एक एबसेण्ट माइण्डेड पर्सन से इतना सीरियस रिसर्च वर्क कैसे पूरा हो गया, तो बड़ी हैरानी होती है।

योगेश : तुम्हें क्या मालूम, किसी सीरियस प्रोजेक्ट के लिए इन्वाल्वमेण्ट बहुत जरूरी होता है।

नीरा : बेशक, तभी आदमी को इस तरह के काम सिर्फ पागलखाने में बैठकर ही करने चाहिए।

योगेश : बिलकुल नहीं, बल्कि किसी एक नीरा की देख-रेख में, जिसकी छाया एक घने पेड़ के समान है।

नीरा : मैं देख रही हूँ, आजकल तुम इस नीरा के जरा कुछ ज्यादा ही मस्का लगाने लगे हो! आखिर तुम्हारा मतलब क्या है?

योगेश : मतलब क्या होना था, कभी-कभी मैं भी तो कुछ ऐसा सोच सकने का अधिकार रखता हूँ जिसके सोचने से मुझे एक सुख मिल सके, सोचने दिया करो। क्यों नीरा, इला कितने साल की हो गयी होगी अब?

नीरा : सतरह को पार कर चुकी है।

योगेश : जब तुमने उसे पहली बार अपने सीने से लगाया था, वह तीन साल की थी!

नीरा : हाँ।

योगेश : यानी पूरे चौदह वर्ष तुमने इस घर की तपस्या में झोंक दिये।

नीरा : क्या बात करते हो! इस घर में तो संरक्षण मिल सका है, नहीं तो भैया के चले जाने के बाद न जाने मेरा क्या होता। मत दोहराया करो उन बातों को, याद करके बड़ी बेचैनी-सी महसूस होती है। फिर, ईश्वर की कृपा से अब हमारे अच्छे दिन हैं। इस घर के सभी कोनों में एक सुख है, एक शान्ति। अरे, हाँ, एक बात बताना तो मैं तुम्हें भूल ही गयी।

योगेश : क्या?

नीरा : कल भी इला विद्या के बारे में पूछ रही थी।

योगेश : विद्या के बारे में...

नीरा : हाँ, मैं तो हैरान ही रह गयी।

योगेश : क्या पूछ रही थी?

नीरा : यही कि उसकी माँ को क्या हुआ था?

योगेश : फिर तुमने क्या कहा?

नीरा : मैंने बता दिया कि आज से पन्द्रह साल पहले शहर में हुए झगड़ों में

वह पापा से कहीं बिछुड़ गयी थी। उसके बाद से कुछ पता नहीं चला। फिर पूछने लगी क्या वह अभी जिन्दा है?

योगेश : तुमने क्या जवाब दिया?

नीरा : यही कि क्या कहा जा सकता है जिन्दा है या नहीं।

योगेश : हूँ, ठीक किया। वैसे भी अब वह बड़ी हो चुकी है। यह प्रश्न उसके मस्तिष्क में आना स्वाभाविक भी है।

नीरा : हाँ, मैं तो उसके इस प्रश्न पर एक बार तो हैरानी से उसकी तरफ देखती ही रह गयी। सबसे ज्यादा आश्चर्य तो मुझे तब हुआ जब उसने एक बड़ा ही अजीब-सा प्रश्न मेरे सामने रखा। माई गॉड, मैं तो ऐसा सोच भी नहीं सकती कभी।

योगेश : क्या प्रश्न था?

नीरा : कहने लगी, तुम पापा से शादी क्यों नहीं कर लेतीं? इतने सालों से उनका बराबर ध्यान रखती चली आ रही हो। इस घर को पूरी तरह से तुमने ही सम्हाला है। फिर लगता है पापा भी जरूर कुछ मिस करते रहते हैं। शायद शादी के बाद पापा खुश रहने लगें।

योगेश : **(आश्चर्य से)** क्या...?

नीरा : हाँ, योगेश! मैं तो उसकी इस बात से भौचक्की ही रह गयी—उसमें इतना साहस!

योगेश : वह आज की लड़की है। आज के युग के हर बच्चे को अपने तर्कों का उत्तर चाहिए।

नीरा : हाँ जानते हो मैंने क्या कहा—यही कि वह इन सब बातों को न सोचे। उसे बस अब अपने बारे में ही सोचना है। पापा और मेरी आयु अब उस समय को पार कर गयी है...वह बीच ही में मेरी बात को काटते हुए बोली—नहीं, अभी ऐसा कुछ नहीं है। फिर विवाह दो इच्छाओं का मिलन होता है। आयु का इसमें कोई प्रश्न नहीं...मैंने उसे बहुत समझाया कि अब उसके विवाह में ही हम सबकी खुशी है, वह जल्दी से जल्दी अपना विवाह कर डाले। जानते हो उसने इसके जवाब में क्या कहा?

योगेश : क्या?

नीरा : उसने कहा वह तभी अपने विवाह के बारे में सोचेगी जब मैं और तुम दोनों विवाह कर लेंगे। कभी ऐसा भी हो सकता है क्या, तुम उसे

समझाना, मैं उसकी इस बात से काफी डिस्टर्ब हो गयी हूँ।

योगेश : डिस्टर्ब होने की इसमें क्या बात है—वह अब बड़ी हो गयी है, हर बात को गहराई से समझती है। उसने जो देखा, महसूस किया, कह दिया।

नीरा : क्या कहते हो तुम, कहीं ऐसा भी हो सकता है क्या!

योगेश : क्यों नहीं हो सकता? सभी कुछ हो सकता है।

नीरा : योगेश...!

योगेश : क्यों, जब विद्या इस घर को छोड़कर जा सकती है, तो क्या नीरा इस घर में नहीं आ सकती? फिर वह क्या गलत कहती है, जिस तीन साल की बच्ची को विद्या अकेली, बेसहारा छोड़कर चली गयी, जिसे पालने के लिए तुमने अपने वर्तमान, भविष्य...दोनों की आहुति दे डाली! उसे अपने सीने से लगाकर रखा, हर धूप-छाँव में अपने को बिछा-बिछा दिया, क्या वह घर तुम्हारा नहीं होना चाहिए। एक वह माँ थी, जो माँ नहीं थी, एक तुम माँ हो, जो माँ न होकर भी माँ हो।

नीरा : देखो, मैंने कोई वर्तमान भविष्य की आहुति नहीं दी है। ये दोनों आज भी मेरे पास सुरक्षित हैं। मुझे बच्चों को पालने का हमेशा से ही चाव था। इला को पालकर मैंने किसी पर कोई उपकार नहीं किया, बल्कि अपनी इच्छा की पूर्ति की है।

योगेश : चलो मान लेता हूँ—इला को पाल लेना तुम्हारी निजी इच्छाओं की पूर्ति मात्र था। परन्तु मैं जो बिलकुल पंगु, टूटा हुआ, असहाय, लम्बे रोग से ग्रस्त अपनी साँसें गिन रहा था, उसे सजा-सँवारकर फिर से खड़ा कर देना—ये सब क्या था?

नीरा : वह एक कर्तव्य था, जिसे कोई भी निभा सकता था। मैंने उसे इसलिए निभाया कि इला को एक सहारे की जरूरत थी, जो सिर्फ तुमसे ही मिल सकता था।

योगेश : क्यों, तुम्हारे पास तो इतना कुछ था, तुम आसानी से उसका और अपना गुजारा कर सकती थीं।

नीरा : जरूर था, मगर आदमी के सहारे के बगैर एक औरत फिर भी असुरक्षित है, मैंने यह सब कुछ अपने लिए किया है।

योगेश : तुम सत्य को आदर्शों के परदे में छिपाने की कोशिश कर रही हो!

नीरा : ऐसा कुछ नहीं है। और देखो, इला की ये बात मुझे अच्छी नहीं लगी है। उसे ऐसा नहीं कहना चाहिए।

योगेश : (चुप रहता है।)

नीरा : सुन रहे हो न तुम...? ये क्या बात हुई! मैं शादी करूँगी तभी वह शादी करेगी। मैं सारी जिनदगी अगर शादी नहीं करूँगी तो क्या वह भी...क्या बेमतलब की बात करती है। कुछ सोच समझकर तो बात को मुँह से निकालना चाहिए...हद ही हो गयी।

योगेश : तुम इस मामूली-सी बात से इतनी परेशान क्यों हो रही हो?

नीरा : यह मामूली- सी बात है! तुम क्या कह रहे हो? मैं उसकी माँ न सही, मगर पाला तो उसे मैंने बेटी की तरह ही है।

योगेश : तभी तो वह तुम्हें ही अपनी माँ समझती है।

नीरा : समझती है तो कोई माँ से ऐसी बातें कहता है क्या?

योगेश : बेटी माँ से अपनी बात नहीं कहेगी तो फिर किससे कहेगी?

नीरा : यह बात कहने की नहीं है, और चाहे वह कुछ भी कह लेती।

योगेश : अच्छा, मैं उसे समझाने की कोशिश करूँगा। टेक इट ईजी, नीरा! और हाँ, तुम्हें आज कॉलेज क्लास लेने नहीं जाना क्या! लो, वह इला आ गयी...

इला जैसे ही आती दिखाई देती है, नीरा सामान को छिपा देती है।

इला : हाय पापा! हाय अन्ना...

योगेश : हैलो बेटे, कहाँ गयी थी?

इला : रेणु दीदी के यहाँ। पापा, होस्टल से लौटने के बाद तो ऐसा मन करता है, बस सारा दिन सड़कों पर ही घूमती फिरूँ। बड़ी हैरानी होती है कि उस चारदीवारी के बाहर इतनी खूबसूरत दुनिया होने के बावजूद मैंने इतने साल होस्टल में गुजार दिये?

योगेश : हाँ, बेटे! ये सब कुछ तुम्हें अभी अच्छा लग रहा है, जब तुम इसका अहसास कर रही हो, और यह अहसास किसी इंस्टीट्यूशन में ही रहकर हो पाता है। वहाँ से निकलने के बाद दुनिया को देखा जा सकता है—उसका विश्लेषण किया जा सकता है।

इला : ओह, यस, शायद ऐसा ही है। अन्ना, आज तुम उदास क्यों हो? पापा आपने कुछ कहा इन्हें?

योगेश : नहीं बेटे, हम इनसे क्यों कुछ कहेंगे?

इला : देखो अन्ना, आप जब हँसती हैं न, तो बहुत अच्छी लगती हैं और

जब उदास होती हैं तो आपकी कसम, हमें भी न जाने क्यों रोना आने लगता है। पापा! इनसे कहिये न ये उदास न हों।

योगेश : हाँ भाई, देखो न तुम्हारी बेटी को तुम्हारी यह उदासी अच्छी नहीं लग रही है।

नीरा : खामखाह...मैं उदास क्यों होऊँगी?

इला : हाँ, यह हुई न बात, हमारी अन्ना उदास क्यों होंगी। तो इसी बात पर एक ज्वाण्इट लाफ्टर, यानी मैं एक दो तीन कहूँगी और उसी के साथ सब लोग एकदम हँसना शुरू कर देंगे। सो बी रेडी एवरीबडी, ओ.के.।

नीरा : अरे-अरे, ये क्या?

इला : हाँ अन्ना! हमारे कॉलेज में एटमॉस्फीयर को एलाइव बनाने के लिए ज्वाइण्ट लाफ्टर कम्पैन होता था। और मजे की बात यह थी कि उसमें एकदम ही लाइफ आ जाती थी। सो लेट अस डू इट।

नीरा : नहीं-नहीं, मैं कोई उदास-वुदास नहीं हूँ, बेकार में लाफ्टर का मैलोड्रामा बनाना।

इला : नहीं हैं उदास तब ठीक है। लाफ्टर्स की कोई जरूरत नहीं। चलिये, फिर आप लोग जल्दी से आँख बन्द कर लीजिए।

नीरा : क्यों?

इला : इसलिए कि आप भी मेरी तरह पहले रियलिटी का अहसास करें, फिर उसे सामने देखें।

नीरा : अच्छा तो ले बन्द कर लेती हूँ आँखें।

इला : पापा, आप भी बन्द कर लें आँखें। **(इला बैग में से एक फोटो निकालकर टेबल पर रखती है।)**

इला : आप लोग आँखें खोल लीजिए।

(दोनों उधर नजर घुमाते हैं।)

नीरा : **(अपना और योगेश का एक साथ फोटो देखते ही सकपका जाती है।)** यह तुमने कब खींचा?

इला : बस, खींच लिया। इसे कहते हैं नेचुरल फोटोग्राफी। देखा, आप लोग कितने क्लोज लग रहे हैं। हाऊ डू यू लाइक इट, पापा?

योगेश : **(इला की तरफ देखकर कुछ सकपकाते हुए)** यस, एक्सलेफ्रेट। बहुत नेचुरल है।

इला : मैंने इस स्नेप को उसी वक्त फ्रेम भी करवा लिया। अब एक पिक्चर हम तीनों की और होनी चाहिए। वह किसी एक्सपर्ट फोटोग्राफर से ही खिंचवाऊँगी। इतने बड़े घर में एक भी तो फैमिली फोटोग्राफ नहीं है, जबकि लोगों के घरों में सात पुश्तों तक की एलबम भरी पड़ी है। (**नीरा जाने लगती है।**) अरे अरे, अन्ना, आप कहाँ चलीं?

नीरा : मुझे कॉलेज पहुँचना है, आज मेरी क्लास है।

इला : अच्छा, मगर आज कॉलेज से सीधी घर आइयेगा, मुझे आपके साथ शाम को कहीं जाना है। आप कहें तो मैं आपको कॉलेज से पिकअप कर लूँ?

नीरा : नहीं नहीं, मैं घर लौटकर चलूँगी। (**कुछ किताबें उठा बाहर चली जाती है।**)

इला : पापा, अन्ना आज कुछ नाराज-सी नहीं लग रहीं?

योगेश : नाराज! मुझे तो लगा नहीं...वैसे कभी-कभी उनका मूड कुछ सीरियस-सा हो ही जाता है।

इला : उस वक्त बड़ा डर लगता है मुझे उनसे।

योगेश : हाँ बेटे! उस वक्त तो मैं भी बहुत डर जाता हूँ।

इला : अच्छा पापा, अन्ना कब से हैं इस घर में?

योगेश : बेटे, बहुत साल हो गये।

इला : हाँ, हमने तो होश ही इनकी गोद में सम्हाला। वह हमको बताती हैं हम सिर्फ तीन साल के थे, जब उन्होंने हमें सम्हाला।

योगेश : हाँ बेटे, अन्ना ने सिर्फ तुम्हें नहीं, इस पूरे घर को सम्हाला है। ये जो कुछ आज तुम अपने आस-पास देख रही हो—यह घर, मैं, तुम—सब तुम्हारी अन्ना की ही देन है।

इला : सचमुच पापा, वह एक गहरी समुन्दर हैं।

योगेश : हाँ बेटी, शायद ऐसा ही है। इस घर की हर चीज से उन्हें बहुत प्यार है।

इला : मैं भी अन्ना को बहुत प्यार करती हूँ।

योगेश : और अन्ना तुम्हें।

इला : पापा, अन्ना शादी क्यों नहीं कर लेतीं?

योगेश : (**आश्चर्य से**)...बेटे, मैं इस सवाल का जवाब कैसे दे सकता हूँ।

इला : क्यों, वह इस घर में इतने सालों से रह रही हैं, आपने कभी सोचा तो

होगा?

योगेश : **(सकपकाते हुए)** हाँ-हाँ, क्यों नहीं, कई बार सोचा।

इला : कभी इस बाबत कुछ कहा भी?

योगेश : ...कहा तो कभी नहीं।

इला : आपको कहना चाहिए था, पापा!

योगेश : हाँ, मगर...कह नहीं पाया।

इला : अब देखो न, अभी हमें होस्टल से घर आये पूरा महीना भी नहीं हुआ, अन्ना हमारी शादी की बात सोच रही थी।

योगेश : बेटे, वह तुम्हारी माँ से भी ज्यादा तुम्हें प्यार करती है।

इला : हाँ, ये तो है। पापा, क्या आप अन्ना को प्यार नहीं करते?

योगेश : (आश्चर्य से) क्यों बेटी, क्यों नहीं करते।

इला : फिर आपने कभी उनकी शादी के बारे में क्यों नहीं सोचा?

योगेश : बहुत बार सोचा...कई बार।

इला : फिर...?

योगेश : फिर क्या, वह शादी नहीं करना चाहतीं।

इला : वह नहीं चाहती थीं तो आप उन्हें मजबूर कर सकते थे।

योगेश : मैं उन्हें कैसे मजबूर कर सकता था?

इला : क्यों, आपने अभी कहा, आप उनसे बहुत प्यार करते थे।

योगेश : हाँ-हाँ, क्यों नहीं।

इला : वह आपकी बात मानतीं?

योगेश : यह तो उनकी व्यक्तिगत इच्छा का प्रश्न है।

इला : क्या अब भी आप उनसे इतना ही प्यार करते हैं?

योगेश : क्यों नहीं।

इला : तब आप उनसे शादी क्यों नहीं कर लेते?

योगेश : **(आश्चर्य से)** इ...ला...!

इला : हाँ पापा, हम तो इसलिए कह रहे हैं...हमारी माँ मिल जाएगी। कोई फिर उन्हें हमारी माँ जैसी नहीं कहेगा। हम अपने को उनके और नजदीक ला सकेंगे, जो वैसे भी उनका हक है। उन्होंने इस घर के लिए कितना कुछ किया है। इस सबके बदले में हमने उन्हें क्या दिया है!

योगेश : वह तो ठीक है बेटा...मगर यह सब मुमकिन नहीं है।

इला : क्यों...?

योगेश : बस, नहीं हो सकता। और देखो, तुम्हें इस बाबत ज्यादा डिस्कस नहीं करना चाहिए, नीरा को यह सब अच्छा नहीं लगता।

इला : क्यों, इसमे हर्ज क्या है? लोग क्या समझते होंगे?

योगेश : इला...

इला : यह उन पर जुल्म करना है। उन्हें अपनी सहूलियत का जरिया बनाना, इस घर के लोग खुदगर्ज नजर आते हैं। उनकी इस बाबत अगर कोई थिंकिंग है तो वह सिर्फ एक दिमागी बीमारी ही कही जा सकती है। महज आदर्शों को लेकर ही जीना, जीवन को अपने हाथों से नष्ट कर देना किसी और जमाने की बात हो सकती है, मौजूदा जमाने में यह प्रैक्टीकेबल नहीं। यह बिलकुल किसी औरत को धर्म की आड़ लेकर देवदासी बना डालने का महा पाप है।

योगेश : **(क्रोध में)** इला! प्लीज, मुझे अकेला छोड़ दो।

इला : ओ.के. ...पापा...**(चली जाती है।)**

योगेश : **(स्वयं)** इतना छोटा मुँह, इतनी बड़ी बात! फिर नीरा कैसे शादी कर सकती है! क्या उसे इस घर की वास्तविकता मालमू नहीं है! प्रैक्टिकल होने का यह मतलब तो नहीं, आदमी आदमी के ऊपर से गुजर जाये। इन इतने वर्षों में कितनी बार मैंने उससे इस बाबत जिक्र भी किया है, अब इससे ज्यादा और मैं क्या कर सकता हूँ। मैं खुद उसके अहसानों से दबा हूँ, उसने क्या कुछ नहीं किया! मैं तो शायद कभी खड़ा ही न हो पाता। वह एक इशारा तो करे, कुछ कहे तो सही, अपनी जान पर खेलकर भी उसे पूरा नहीं करूँ तो धिक्कार है मुझ पर। फिर क्या मैं जानता नहीं हूँ, उसने और प्रमोद ने मेरे साथ क्या किया! मैं उसके अहसानों से कितना दबा हुआ हूँ। नीरा के विवाह न करने के कारण कितना चिन्तित हूँ। उसे इस अरसे में मैंने कितने लड़के नहीं दिखाये, मगर कोई-न-कोई दोष निकाल कर उसने उन्हें रिजेक्ट कर दिया। मैं तो खुद नहीं समझ रहा, आखिर वह चाहती क्या है। उसे कुछ तो सोचना चाहिए। आज अगर प्रमोद होता और नीरा की सौंपी गयी जिम्मेदारी का हिसाब मुझसे माँगता, तो क्या मैं उसे हिसाब दे सकता था? शायद मैं उसे कोई हिसाब नहीं दे सकता

था, बल्कि नीरा के कदम-कदम पर तोड़ डालने का एक अपराधी नजर आता। ओफ, मैं प्रमोद का एक छोटा-सा काम नहीं कर सका जबकि उसने और नीरा ने मेरी बिखरी जिन्दगी को फिर से समेट दिया। आज मैं डॉक्टर योगेश हूँ। डॉक्टर ऑफ लिटरेचर, हैड ऑफ द डिपार्टमेण्ट! क्या कोई जानता है वह कौन है। नीरा और प्रमोद के कन्धों पर ढोकर लाया गया एक अर्धमृत शरीर जिसे अगर वे न उठाते, तो अवश्य मात्र मिट्टी का एक ढेर होता। इला क्यों नहीं समझती। वह क्यों मेरे कमजोर पक्ष को बार-बार उघाड़ने की कोशिश करती है। वह पक्ष, जो मेरे हृदय के अन्दर बीचोंबीच बराबर अंकित है—आज भी, हमेशा-हमेशा...।

प्रकाश फैलता है। योगेश एक आराम-कुर्सी पर बैठा है। उसी के सामने प्रमोद एक कुर्सी पर बैठा है। दोनों आपस में वार्तालाप कर रहे हैं।

प्रमोद : तो जनाब, हॉस्पिटल से घर तशरीफ ले आये। मुबारक! रास्ते में कोई परेशानी तो नहीं हुई? मैंने नीरा को लेने भेज दिया था।

योगेश : नहीं।

प्रमोद : अब कैसा महसूस करते हो?

योगेश : बिलकुल ठीक।

प्रमोद : आगे क्या प्रोग्राम है?

योगेश : आगे?

प्रमोद : हाँ-हाँ, रहना है या छुट्टी करनी है?

योगेश : (**मुसकराकर उसकी ओर देखता है।**)

प्रमोद : मजाक की बात नहीं, साली बात इधर या उधर तो हो।

योगेश : अब इधर ही समझो।

प्रमोद : नहीं-नहीं, कोई मजबूरी नहीं है। आपकी अपनी मर्जी की बात है।

योगेश : यकीन करो, तुम्हें बहुत परेशानी हो रही है न, नीरा तो दिन-रात हॉस्पिटल में ही पड़ी रही।

प्रमोद : वह सब तुम छोड़ो, यह हम लोगों की प्रॉब्लम है। तुम अपना प्रोग्राम बताओ।

योगेश : बता तो दिया।

प्रमोद : सोच लो अच्छी तरह से, ये जिन्दगी कोई मजाक की चीज नहीं है, बहुत मुश्किल है साली।

योगेश : **(मुस्कराता है)** हाँ-हाँ, मालूम है।

प्रमोद : नहीं-नहीं, तुम्हें मालूम नहीं है। कुछ मालूम नहीं है। तुम तो सिर्फ इसे मजाक समझते हो।

योगेश : बीमारी कोई अपने हाथ की बात तो नहीं।

प्रमोद : क्या दकियानूसी बात करते हो, सब कुछ अपने हाथ की बात है। बीमार होने पर ठीक से इलाज, कोई प्रॉब्लम आने पर उसका मुकाबला करना, न कि अपने आपको हालातों के हवाले कर देना। मगर इस सब के लिए एक एलर्टनेस की जरूरत है—साउण्ड माइण्ड की, समझे!

योगेश : क्या बात करते हो। तो क्या मैंने ये सब जानकर किया है?

प्रमोद : अगर मैं हाँ कह दूँ तो आप बुरा तो नहीं मानेंगे?

योगेश : बुरा क्यों नहीं मानूँगा, तुम मुझ पर गलत चार्ज लगाओगे तो बुरा तो मुझे लगेगा ही।

प्रमोद : चार्ज सही है, तुम्हें बुरा लगे तो लगता रहे—सच बात यही है कि तुमने ये जो कुछ भी किया है, जान-बूझकर किया है।

योगेश : जान-बूझकर?

प्रमोद : बेशक। तुम चाहते थे ऐसा हो, और ऐसा हो गया।

योगेश : क्या?

प्रमोद : यस। तुमने दिमागी तौर से ऐसा हो जाने के लिए अपने आपको तैयार किया और ऐसा हो गया। इसका मतलब हुआ मेण्टल सिकनेस, जिससे काण्टेक्ट है फिजीकल सिकनेस, और उससे काण्टेक्ट है मौत, यानी जिन्दगी का अपोजिट साइड, समझे आप!

योगेश : तुम्हारा मतलब है मैं मेण्टली सिक था?

प्रमोद : यस।

योगेश : तुम जानते हो, तुम अपने एक दोस्त को पागल कह रहे हो।

प्रमोद : क्या करूँ, वह जो है, वह तो है।

योगेश : इल्जाम लगाने से पहले सोच लो अच्छी तरह।

प्रमोद : सच तो सच ही है।

योगेश : तो एक पागल से तुम्हारी दोस्ती थी।

प्रमोद : हाँ, थी तो क्या करता।

योगेश : आपको भी पागलखाने चला जाना चाहिए था; क्योंकि पागल की दोस्ती नादान की दोस्ती से भी ज्यादा खतरनाक होती है। इस दोस्ती में कुछ भी हादसा हो सकता है।

प्रमोद : वही तो हुआ है, मुझे देखकर भी अन्दाजा नहीं लगा सकते तुम।

योगेश : यस! जरूर लगा सकता हूँ, आई एम सॉरी फॉर यू।

प्रमोद : सो आई एम।

(दोनों हँसते हैं।)

प्रमोद : देखो योगेश, तुम्हें लोजिकल सोचना ही पड़ेगा, मैं जानता हूँ तुम जरूरत से ज्यादा सेण्टीमेण्टल हो, और इस बात से भी इनकार नहीं करता कि भावना ही इन्सान को कुछ कर सकने की प्रेरणा देती है। मगर वह तभी सम्भव हो सकता है जब उसे सही दिशा मिल पाती है। इनके विपक्षी दिशाओं में मुड़ जाने से कभी-कभी भयंकर परिणाम भी जरूर हो जाता है जिसके कारण इन्सान का खड़ा रह पाना भी मुश्किल हो जाता है।

योगेश : मैं समझा नहीं।

प्रमोद : ऐसा कुछ तुम्हारे साथ हो गया है।

योगेश : मेरे साथ?

प्रमोद : हाँ, भाभी के घर से चले जाने के बाद।

योगेश : मगर यह घटना कोई मामूली घटना तो नहीं कही जा सकती।

प्रमोद : मैं मानता हूँ कोई घटना मामूली तो नहीं कही जा सकती। घटना घटना है जो घटने के बाद सामने आ पाती है। भाभी के अचानक घर छोड़ देने का मुझे भी बहुत दुख है—परन्तु उनके निजी दृष्टिकोण को तो वह स्वयं ही सोच सकती हैं। हम-तुम क्या कर सकते हैं। मैंने भी कितनी बार तुम्हारी वास्तविक परिस्थितियों को उनके सामने रखने का बराबर प्रयास किया, परन्तु मेरे तर्कों से कहीं अधिक वजन उन्हें अपने लिए निर्णयों में लगा, तभी वह इस घर को छोड़ गयीं...

योगेश : वह सिर्फ इस घर को ही नहीं, बल्कि उस मासूम बच्ची को भी तो

छोड़ गयी—इतना भी नहीं सोचा वह अकेली किसके सहारे रहेगी।

प्रमोद : हाँ, उन्हें ऐसा नहीं करना चाहिए था।

योगेश : क्या कोई सोच सकता है कभी—एक माँ अपने छोटे-से बच्चे को इस तरह अकेली छोड़कर चली जाये। उसे जाना ही था तो उस अबोध बच्ची को ही कम से कम अपने साथ ले जाती।

प्रमोद : हो सकता है यहाँ उसका रहना उन्हें अधिक सुरक्षित महसूस हुआ हो, तभी छोड़ गयी हों।

योगेश : नहीं, उसे अपनी आजादी में बच्चा बाधा महसूस हुआ होगा। तभी तो उसे यहीं छोड़ गयी।

प्रमोद : हाँ, यह भी हो सकता है।

योगेश : कभी-कभी सोचता हूँ प्रमोद, हर। इन्सान को सोना-चाँदी मुट्ठी में लेकर ही इस दुनिया में जन्म लेना चाहिए।

प्रमोद : क्या बात कर रहे हो!

योगेश : और नहीं तो क्या। उसका मूल्यांकन तो ठीक से हो पाता। आज मेरे पास यदि विद्या की इच्छानुसार सुविधाएँ होतीं तो वह मुझे और मेरी बच्ची को छोड़कर क्यों चली जाती?

प्रमोद : इसमें दोष तुम्हारे अभावों का नहीं, भाभी के दृष्टिकोण का ही अधिक है। उन्हें जमीन पर चलकर इन अभावों से जूझना चाहिए था, जबकि वह बगैर धरती पर चले, इन अभावों को नजरअन्दाज कर देना चाहती थीं, और बाहर की खोखली चकाचौंध के आगे खड़ी न रह सकीं।

योगेश : हाँ, शायद।

प्रमोद : मुझे इस सब का बहुत खेद है, मगर उससे कहीं ज्यादा दुख इस बात का है कि तुम भी भाभी के साथ-साथ अपनी मंजिल से भटक गये हो, जबकि तुम्हें ऐसा नहीं करना चाहिए था। देखो योगेश, तुम्हें लड़ना चाहिए। मैं जानता हूँ कि तुममें एक अद्‌भुत शक्ति है, साहस है। भाभी अगर अपने रास्ते से भटक गयी तो क्या तुम भी भटक जाओगे। तुम्हारा मौजूदा रिसर्चवर्क तकरीबन पूरा ही है। उसे आगे लेकर आ जाओ, भूल जाओ, जो चला गया है वह कभी तुम्हारा था, तुम्हारा होता तो तुम से जाता ही क्यों? तुम्हारा वही है, जो तुम्हारे आस-पास मौजूद है। तुम कहते हो हर इन्सान को अपनी मुट्ठी में सोना-चाँदी लेकर ही इस धरती पर जन्म लेना चाहिए था, मगर मैं कहता हूँ इन्सान जब पैदा होता है तब उसकी मुट्ठी बन्द होती है,

जिसमें शायद मजबूत इरादों की एक किताब बन्द होती है; जो किसी को दिखाई नहीं देती, जिसमें साफ-साफ यही लिखा होता है—इस बन्द मुट्ठी की किताब में उसकी तकदीर की चाबी बन्द है, वह जैसे इरादे बनायेगा, यह तकदीर वैसे ही बनती चली जायेगी। डूबने वाले को टाँग से घसीटकर ही लाना होता है। अपना हाथ कोई नहीं देता। डूबने वाला अगर हाथ पकड़ता है तो उसे झटककर छुड़ा ही लेना चाहिए, ताकि कोशिश करके फिर उसे बचाया जा सके, न कि खुद हाथ पकड़ाकर उसके साथ डूब जाया जाये।

योगेश : बेशक, तुम ठीक कहते हो। मैंने भी यही निश्चय किया है।

प्रमोद : वैरी गुड। और बच्ची के बारे में तुम बिलकुल चिन्ता नहीं करो। उसे भी उसकी माँ मिल गयी है।

योगेश : **(आश्चर्य से)** माँ?

प्रमोद : हाँ, नीरा ने उसकी पूरी देखभाल की जिम्मेदारी अपने पर ले ली है।

योगेश : क्या?

प्रमोद : हाँ।

योगेश : मगर वह कॉलेज में क्लासेज लेगी या बच्ची को देखेगी?

प्रमोद : यह सब कुछ मैंने उससे कहा था।

योगेश : फिर?

प्रमोद : वह कहती है यह उसकी प्रॉब्लम है।

योगेश : वह सब तो ठीक है मगर नीरा को...

प्रमोद : क्यों फॉर्मल होते हो यार; जब वह कह रही है उसे कोई प्रॉब्लम नहीं है तो रखने दो—जब कुछ होगी तब देख लिया जायेगा।

योगेश : ठीक है। प्रमोद, मैं एक बात कभी-कभी सोचता हूँ।

प्रमोद : बोलो।

योगेश : तुम दोनों मेरे पूर्वजन्म में जरूर कोई पुण्य रहे होगे।

प्रमोद : हाँ भैया, तभी तो इस जन्म में उसे मय ब्याज के चुका रहे हैं—अच्छा, अब एक जरूरी बात तुमसे और करनी है।

योगेश : हाँ...कहो।

प्रमोद : नीरा को कुछ समय के लिए मुझे अकेली छोड़ना पड़ेगा।

योगेश : अकेली, क्यों?

प्रमोद : क्योंकि मैं कुछ समय के लिए एक अनुसन्धान के लिए बाहर जा रहा हूँ।

योगेश : बाहर?

प्रमोद : हाँ और चाहता हूँ तब तक नीरा तुम्हारी देखभाल में रहे। वैसे उसका तुम्हारे सम्पर्क में रहना कुछ अच्छा भी रहेगा, क्योंकि नीरा बजाते खुद एक सख़्त अनुशासन की हामी है जिसकी वजह से हो सकता है तुम जैसा अड़ियल घोड़ा शायद फिर दौड़ने लगे। तुम एक काम क्यों नहीं करते—वहीं घर पर ही क्यों नहीं शिफ्ट कर लेते? काफी स्पेस है, आराम से रहोगे।

योगेश : नहीं-नहीं, मैं यहाँ बिलकुल ठीक हूँ।

प्रमोद : वैसे नीरा खुद काफी समझदार है। तुम्हें कोई ज्यादा प्रॉब्लम नहीं होगी, लेकिन फिर भी...

योगेश : कैसी बातें करते हो! तुम कब जा रहे हो?

प्रमोद : बस जल्दी ही। टिकट ओ.के. होने की देर समझो और देखो योगेश, एक बात का खास ध्यान रखना है।

योगेश : बोलो।

प्रमोद : अपने लौटने पर मैं तुम्हें अब एक टूटा हुआ दिल, बुझा हुआ आशिक, शमा पर शहीद हुआ परवाना योगेश नहीं, एक कामयाब योगेश देखना चाहता हूँ। यू शुड कम आउट, नीरा तुम्हारी इस मामले में बहुत मदद कर सकती है।

योगेश : बेफिक्र रहो—मैं जरूर कोशिश करूँगा।

प्रमोद : कोशिश नहीं, वायदा करो।

योगेश : **(उसकी आँखों में झाँकता है।)** आई प्रॉमिस।

प्रमोद : गुड, मुझे उम्मीद है तुम जरूर उसे निभा सकोगे।

योगेश : शायद...तुम कब तक लौटोगे?

प्रमोद : दो-तीन साल तो लग ही जायेंगे।

योगेश : दो-तीन साल...?

प्रमोद : अमाँ, ये अभी से आहें भरना शुरू क्यों करते हो। अभी तो जाने में कई रोज हैं। क्यों योगेश, कितना मजा आयेगा जब उधर मैं अपना काम पूरा करके आऊँगा, इधर तू अपना काम पूरा कर चुका होगा। यू सी, आई वाण्ट टू सी यू ए डॉक्टर बाई द टाइम, यानी मैं तुझे

डॉक्टर योगेश के नाम से पुकार सकूँ...

योगेश : हाँ...मेरे यार...मैं तेरा ख्वाब जरूर पूरा करूँगा...जरूर...(दोनों एक-दूसरे की ओर देखते हैं। चेहरों पर एक चमक दिखाई देती है।)

(प्रकाश मद्धम)

(प्रकाश होने पर योगेश का घर—पूर्व स्थिति में)

योगेश : **(स्वयं)** और मैं डॉ. योगेश डॉक्टर तो अवश्य बना मगर वह मुझे कभी डॉक्टर योगेश के नाम से पुकार ही नहीं सका। कैसी विडम्बना है! क्या कुछ लोग मात्र लोगों को प्रेरणा देने के लिए ही आते हैं और धोखा देकर चले जाते हैं। प्रमोद कितना बड़ा किनारा मेरे हाथ में दे गया और खुद उसी सागर के बीचोंबीच कहीं अदृश्य हो गया। ओफ, कितना खुश था मैं, जब मुझे उसके लौटने का समाचार मिला था जिसे सुनते ही मैं सीना चौड़ा कर बड़े गर्व से नीरा के सामने कह गया था, प्रमोद जैसे ही प्लेन से उतरकर मेरे नजदीक आये, तुम मुझे डॉक्टर योगेश के रूप में उससे मिलवाना और बताना मैंने और क्या-क्या कर डाला है। वह जरूर बहुत खुश होगा। मगर मेरा ये सब कुछ सोचना व्यर्थ ही था। मैं, नीरा, इला—हम सब एयरपोर्ट तो जरूर उस रोज पहुँचे थे, मगर प्रमोद का जहाज उस एयरपोर्ट पर कभी न आ सका। मैं और नीरा तड़फती मछली के समान एयरपोर्ट के इस काउण्टर से उस काउण्टर पर लगातार इनक्वारी करते रहे, एक सत्य को असत्य समझ अपने मन को समझाने का व्यर्थ प्रयास करते रहे। परन्तु सत्य तो सामने आना ही था। झूठे दिलासे कब उसके सामने रुके हैं। हाँ...जब प्रमोद के बजाय प्रमोद का शव मुझे सौंपा गया, जीवन देने वाले प्रमोद का शव, कल के मृत योगेश की गोद में, मेरी तो कुछ भी समझ में नहीं आ सका था—क्या था ये सब?

प्रमोद के जाने के पश्चात नीरा के विषय में मैंने कब नहीं सोचा है, कहाँ नहीं सोचा है। मेरा अन्तराल ही जानता है। एक वक्त उसके चेहरे की ओर देखते रहने के मैंने कभी भी अपनी दृष्टि को कहीं और हटने दिया हो। हर क्षण वही मेरे सामने होता है—उसके एक-एक हाव-भाव से जैसे मेरे साँसों का गहरा सम्बन्ध हो। वह जरा कभी उदास होती है, चारों ओर अँधेरा दिखाई देने लगता है। पागलों की तरह उसके सामने खुशियाँ बटोरकर बिखेरने में जुट जाता हूँ। यह भी जानता हूँ, प्रमोद के बाद से उसका सारा प्रेम इला से जुड़ गया

है। तभी उसने आज तक इला से परे अपने बारे में कभी कुछ नहीं सोचा—इला शायद ये सब नहीं जानती, वह नहीं जानती इस घर में एक-दूसरे के लिए त्याग कर देने के सिवाय अन्य किसी भी शब्द के लिए कोई स्थान नहीं है। त्याग सम्भवतः निजी इच्छा से ही होता है, शोषण बिलकुल इच्छा के प्रतिकूल।

(उसी समय नीरा प्रवेश करती है।)

योगेश : अरे, तुम वापस कैसे लौट आयीं?

नीरा : वही यूनियन का चक्कर। आज फिर कोई माँग थी।

योगेश : कोई क्लास ही नहीं हुई?

नीरा : नहीं...इला से कहो उसे अपनी फ्रेंड के यहाँ चलना है तो जल्दी से तैयार हो जाये, मैं अब फ्री हूँ।

योगेश : ठीक है...तुम बैठो। **(बैठती है।)** नीरा, मैं अभी कुछ देर पहले तुम्हारे विषय में ही सोच रहा था।

नीरा : क्या...?

योगेश : यही कि तुम्हारे प्रति मेरा भी कुछ उत्तरदायित्व है।

नीरा : क्यों नहीं, जरूर है।

योगेश : अपनी हर राय तुम्हें देने का मुझे हक है।

नीरा : आज ये तुम पराये लोगों की जबान में क्यों बात कर रहे हो। साफ-साफ क्यों नहीं कहते जो कहना हो।

योगेश : हाँ-हाँ, साफ-साफ ही कहने जा रहा हूँ।

नीरा : कहाँ कहने जा रहे हो, तुम तो बजाय योगेश के डॉक्टर योगेश बनते जा रहे हो।

योगेश : कहीं-कहीं पर ये सब बनना भी जरूरी हो जाता है।

नीरा : अच्छा बाबा, कहो जो कहना है, कुछ भी बनकर कहो, मुझे क्या अन्तर पड़ता है।

योगेश : मैं यही कहना चाहता हूँ कि तुम्हें अब विवाह कर लेना चाहिए।

नीरा : बस यही बात कहने के लिए बैठाया था मुझे! **(खड़ी हो जाती है।)**

योगेश : जाओ नहीं नीरा, ये सब जानना मेरे लिए बहुत जरूरी है।

नीरा : जरूरी क्या, यह तो अपनी इच्छा का प्रश्न है।

योगेश : वह तो ठीक है, परन्तु मेरा भी तो कुछ कर्तव्य है।

नीरा : क्या यही कि तुम मेरी शादी कर दो? क्या मैं तुम पर बोझ बनने लगी हूँ?

योगेश : नीरा, तुम व्यावहारिक बातें कर सकती हो, क्या मैं कभी यह आशा कर सकता हूँ?

नीरा : नहीं आशा करते हो, तो मुझसे ऐसे प्रश्न क्यों पूछते हो?

योगेश : इसलिए कि इन प्रश्नों का सम्बन्ध जीवन से है।

नीरा : क्या विवाह के बगैर जीवन नहीं बिताया जा सकता?

योगेश : जरूर बिताया जा सकता है परन्तु प्राकृतिक नियम भी कुछ अहमियत रखते हैं जिन्हें मानना स्वाभाविक है।

नीरा : ठीक है, मैंने इस विषय में अभी सोचा नहीं है।

योगेश : कारण?

नीरा : बस, ऐसे ही।

योगेश : क्या इस विषय में किसी निर्णय लेने में पहले ही अधिक समय नहीं लग गया है?

नीरा : हो सकता है।

योगेश : देखो, इस विषय में यदि तुम्हारी कोई राय हो तो तुम निःसंकोच मुझसे कह सकती हो।

नीरा : ठीक है, अगर ऐसा कुछ होगा तो जरूर तुमसे राय लूँगी।

योगेश : अगर तुम उचित समझो तो मैं इस विषय में कुछ कोशिश करूँ—मगर तुम्हारा कोई निर्णय पहले से ही सुनिश्चित न हो।

नीरा : पहले से?

योगेश : हाँ, जैसे अब तक होता रहा है।

नीरा : ठीक है। एक बात मैं भी पूछूँ?

योगेश : पूछो।

नीरा : इला के बारे में तुमने क्या सोचा है?

योगेश : क्या सोचना है?

नीरा : उसके भविष्य के लिए कोई प्लानिंग?

योगेश : उसके विषय में भी कुछ सोचूँगा।

नीरा : हाँ...मेरे विचार से तुम इस ओर ध्यान दो तो अच्छा रहेगा।

योगेश : वह अपनी जगह है, तुम अपनी जगह।

नीरा : मगर सबसे पहले हमें उसके विषय में सोचना चाहिए।

योगेश : तुम्हारे विषय में क्यों नहीं?

नीरा : इसलिए कि उसके सामने मेरा विवाह कोई अच्छा लगेगा क्या?

योगेश : बड़ों का विवाह तो घर में पहले ही होता है।

नीरा : होता तो है मगर उसके-मेरे रिश्ते का भी तो प्रश्न है।

योगेश : रिश्ते का क्या अन्तर है?

नीरा : बेटी के सामने माँ अब शादी करती अच्छी लगेगी क्या?

योगेश : तुम कहती हो तुम शादी नहीं करोगी, वह कहती है वह शादी नहीं करेगी। इसका मतलब न तुम करोगी, न वह!

नीरा : यह कैसे हो सकता है? वह मेरी बराबरी करेगी क्या?

योगेश : हाँ, यही तो मैं भी सोच रहा हूँ।

नीरा : उससे कहो वह पहले शादी करे।

योगेश : उसके बाद...?

नीरा : उसके बाद कर लूँगी मैं भी...

योगेश : सच, किससे?

नीरा : एक बेटी की माँ को शादी किसके साथ करनी चाहिए–ये सब भी बताना होगा क्या?

योगेश : **(साश्चर्य)** नी...रा...

नीरा : क्यों, जब बेटी का स्नेह दिया है तो उसके बाप का स्नेह नहीं दोगे...?

योगेश : ओह...मत कहो ऐसा, खुशी से खड़ा रहने दो मुझे। मेरे हृदय के इस खाली कोने को शायद ही कोई भर पाता। तुमने इस घर के हर कोने को खुशियों से भर दिया है।

नीरा : मेरा घर जो है...

योगेश : हाँ...सचमुच तुम्हारा ही...

(प्रकाश मद्धम)

दृश्य : तीन

प्रकाश फैलता है। प्रतिमा वर्मा का घर। कालबेल बजती है। मिस्टर वर्मा दरवाजे पर आते हैं।

इला : **(अन्दर प्रवेश करते हुए)** प्रतिमा वर्मा...

वर्मा : हाँ...हाँ...आइये...मेरी बेटी है—अन्दर आइये...

इला : ये मेरी अन्ना हैं...। मैं इला...

वर्मा : **(आश्चर्य से)** अरे, आप...नीरा जी...

इला : तो क्या आप अन्ना को...

वर्मा : अरे हाँ, बेटी...अन्ना और हम एक कॉलेज में पढ़े हैं। उसके बाद इनके बड़े भैया हमारे बहुत अच्छे दोस्त रहे हैं। कैसा है प्रमोद?

नीरा : वह अब नहीं हैं।

वर्मा : क्या...?

नीरा : हाँ...भैया का प्लेन क्रैश हो गया था और...

वर्मा : ओह, नो...इम्पॉसिबुल! ही वाज ए जीनियस, मुझे बहुत अफसोस है। आप बैठिये न, मैं अभी प्रतिमा को बुलाता हूँ।

इला : नहीं...नहीं। वह कहाँ हैं, मैं खुद चली जाती हूँ।

वर्मा : वैरी गुड, इस कोठी के बैक में बैडमिण्टन खेल रही है, जाओ-जाओ, तुम भी जाओ।

नीरा : **(इला नीरा की तरफ देखती है)** हाँ, जाओ, खेलो। **(इला जाती है)**

वर्मा : ये आपकी बेटी है?

नीरा : हाँ...।

वर्मा : बड़ी ही प्यारी बच्ची है। प्रतिमा हमेशा ही इसका जिक्र करती है। दोनों बहुत नजदीक हैं एक-दूसरे के। वैसे आपने शादी कब की?

नीरा : शादी अभी नहीं की।

वर्मा : **(आश्चर्य से)** जी...तो...इला...

नीरा : दरअसल इला को मैंने ही बचपन से पाला है इसलिए वह मुझे ही अपनी माँ समझती है।

वर्मा : समझने की इसमें कौन-सी बात है, आप वाकई उसकी माँ हैं।

नीरा : वैसे ये डॉक्टर योगेश की बेटी है।

वर्मा : डॉक्टर योगेश! ओह, आई सी। बहुत बुरा हुआ उन बेचारों के साथ तो। प्रमोद से सब कुछ मालूम हुआ था। उस लेडी को ऐसा नहीं करना चाहिए था। वैसे आप ने इस बच्ची को पालकर बहुत बड़ा काम किया है। ये सब बहुत मुश्किल है।

नीरा : आप क्या कर रहे हैं?

वर्मा : बस, कुछ नहीं। नौकरी से प्री-मेच्योर रिटायरमेण्ट ले लिया है। अब किसी बिजिनेस में हाथ डालने की सोच रहा हूँ।

नीरा : वैसे आपने भी काफी हौसले और हिम्मत से काम लिया है। उमा भाभी की डेथ के बाद दोबारा शादी की ही नहीं।

वर्मा : जब एक ही को न सम्भाल सका, वही जीवन में साथ छोड़कर चली गयी तो इसके बाद दूसरी पत्नी को भी कहीं गँवाना न पड़ जाये, इसी डर से कभी साहस नहीं कर सका...मेरे लिए वही एक सदमा बहुत था।...मगर अब प्रतिमा बड़ी हो गयी है। मेरा बहुत ध्यान रखती है—बहुत ज्यादा, बिल्कुल...

नीरा : उमा भाभी की तरह...?

वर्मा : **(सकपकाते हुए)** हूँ...हूँ...हाँ...

नीरा : बहुत-सी बातें उनकी आपको उसमें दिखाई देती होंगी।

वर्मा : हाँ, सब कुछ वही। कभी-कभी लगता है वह फिर से जीवित होकर इसके रूप में आ गयी है।

नीरा : बिलकुल ऐसा ही लगता होगा—बच्चों से अकसर ही हमें हमारी कुछ खोयी हुई चीजें फिर से मिल जाती हैं।

वर्मा : बिलकुल सच है ये। आप क्या कर रही हैं आजकल?

नीरा : कॉलेज में लेक्चरर हूँ।

वर्मा : बहुत खूब। तभी काफी चेन्ज लग रहा है।

नीरा : चेंज?

वर्मा : हाँ, अकसर प्रमोद के साथ जब पहले आपको देखता था तब इतनी

सीरियस नजर नहीं आती थीं।

नीरा : वक्त के साथ-साथ चेंज तो आ ही जाता है, वर्मा जी!

वर्मा : ओह, यस! और कुछ लोग भी मिलते हैं कॉलेज के?

नीरा : हाँ-हाँ, कभी-कभी...

वर्मा : बहुत मन करता है एक बार सब पुराने साथी एक जगह पर इकट्ठे हों और अपने-अपने अनुभवों को डिस्कस करें। मगर हालात, वक्त पता नहीं, किसको कहाँ-कहाँ बहा कर ले जाते हैं। सब एक याद मात्र ही बनकर रह जाता है।

नीरा : जी, बेशक।

वर्मा : अब तो आपने घर देख ही लिया है। डॉक्टर योगेश और आप दोनों कभी-कभी आ जाया कीजिए न—आप दोनों से ही कुछ पिछली यादें ताजा हो जाया करेंगी।

नीरा : अवश्य।

वर्मा : मैं प्रतिमा को अब यहीं आगे पढ़ाना चाहता हूँ। डॉक्टर योगेश से इस बाबत मिलना भी चाहता हूँ।

नीरा : क्यों नहीं, आप जब इच्छा हो घर आ जाइए—शाम को वह घर पर ही होते हैं।

वर्मा : ठीक है, मैं जरूर आऊँगा।

नीरा : अच्छा, तो मैं अब चलूँगी—यहाँ बाजार में थोड़ा काम भी है। इला को कह दें वह अपने आप घर पहुँच जायेगी।

वर्मा : आप बेफिक्र रहिये, मैं खुद पहुँचा दूँगा उसे।

नीरा : ठीक है, नमस्ते!

वर्मा : नमस्ते! बहुत खुशी हुई आपसे मिलकर...**(दोनों हाथ जोड़ता है।)**

दृश्य : चार

इला-योगेश वार्तालाप कर रहे हैं।

इला : पापा, आपने भी हमें नहीं बताया? हमें तो अंकल से पता चला।

योगेश : हाँ, बेटे, जरूरी नहीं समझा।

इला : आपने हमारी माँ को हमसे छिपाये रखा?

योगेश : जो बीत गया, अब उसे...

इला : वह अब कहाँ हैं?

योगेश : मालूम नहीं...।

इला : आप कभी उनसे मिले?

योगेश : नहीं।

इला : वर्मा अंकल ने हमें बताया वह यहीं हैं--इसी शहर में।

योगेश : होगी।

इला : वह इस घर को क्यों छोड़ गयीं?

योगेश : उसे अच्छा नहीं लगा होगा, तभी छोड़ गयी।

इला : क्या इस अरसे में वह कभी यहाँ आयीं।

योगेश : मैं नहीं जानता।

इला : कभी कहीं कोई जिक्र भी आया?

योगेश : मैंने उन तमाम जगहों पर जाना बन्द कर दिया, जहाँ उसका जिक्र आ सकता था।

इला : इसमें दोष किसका था?

योगेश : शायद मेरा ही होगा।

इला : आपका?

योगेश : मैं ही तो उसे वह सब कुछ न दे सका जो उसे चाहिए था। सम्भवतः

मेरे उस समय के अभाव ही मेरे सबसे बड़े दोष रहे होंगे।

इला : परन्तु यह सब आपके वश में तो नहीं था।

योगेश : हाँ, यह सत्य है।

इला : तब उन्हें समझना चाहिए था।

योगेश : ये उसकी अपनी इच्छा पर निर्भर करता था।

इला : उन्हें आपका साथ देना चाहिए था।

योगेश : हाँ, देना तो चाहिए था। छोड़ो, जो होना था हो गया।

इला : नहीं पापा, सचाई का पता तो लगना ही चाहिए।

योगेश : अब उससे क्या लाभ?

इला : क्या वह अभी जीवित हैं?

योगेश : क्यों?

इला : उन्हें अपनी भूल का आभास होना चाहिए।

योगेश : ये सब कुछ सोचने की अब कोई आवश्यकता नहीं रही।

इला : क्यों?

योगेश : क्योंकि उसने डाइवोर्स के लिए मेरे खिलाफ पिटीशन किया था।

इला : तो?

योगेश : मैं अदालत में हाजिर ही नहीं हुआ।

इला : आपको होना चाहिए था।

योगेश : किसलिए? किसके लिए? उसे जबरदस्ती इस घर में रहने के लिए बाध्य करता?

इला : वह आपकी पत्नी थीं।

योगेश : तो क्या?

इला : आपको उन्हें रोकना चाहिए था।

योगेश : क्या होता उस सबसे, घर तो वही होते हैं जो अपनी इच्छाओं से खड़े किये जायें नहीं तो सब मात्र ईंट-गारा-मिट्टी के ढेर ही हैं—मेरे बाध्य करने से क्या होता!

इला : और आपने फैसला उनके पक्ष में हो जाने दिया?

योगेश : हाँ।

इला : वह अब किसके पास रहती हैं?

योगेश : होगी किसी के भी साथ, अब तुम्हें-हमें इस सबसे क्या लेना। जो गुजर गया वह गुजर गया। फिर तुम्हें इन फिजूल की बातों को अब नहीं सोचना चाहिए।

इला : क्यों नहीं सोचना चाहिए, आखिर वह मेरी माँ थी। उसने मुझे जन्म दिया था। क्या एक माँ उसके बाप को छोड़कर चली जाये और मैं उसके चले जाने का कारण भी न जान सकूँ। मैं जानना चाहती हूँ वह किसके साथ गयी, किसके साथ रहती है।

योगेश : अगर तुम ये सब कुछ जानना ही चाहती हो तो मैं सब कुछ तुम्हें बता देता हूँ। विद्या एक एम्बीशस नेचर की औरत थी। शादी के बाद उसकी ये इच्छाएँ लगातार बढ़ती ही चली गयीं। मैं उन्हें पूरा कर सकने के लिए पूरी मेहनत कर उन पर हावी हो जाना चाहता था, परन्तु इस सबमें विद्या मेरा साथ देने की बजाय, एकदम उड़कर उन्हें हासिल कर लेना चाहती थी। उसकी इस उड़ान में, मेरे एक परिचित दोस्त ने घी का काम किया और उसके इस दृष्टिकोण का पूरा लाभ उठाया। उसका सही रूप उस रोज पूरी तरह मेरे सामने आया जब किसी आवश्यक कार्य से मैं एक रोज बीच ही में कॉलेज से लौटकर घर आया और जैसे ही दरवाजे तक पहुँचा तो उसकी और विद्या की आवाज सुनाई दी। पहले तो मैंने सोचा वापस लौट जाऊँ परन्तु बाद में निश्चय किया, उनकी बातचीत सुनकर देखूँ। वह विद्या को पूरी तरह कनवेस करता जा रहा था।

(प्रकाश मद्धम)

(कुछ देर बाद प्रकाश फैलता है।)

किशोर : आज की नारी को अपने अधिकारों के लिए जूझ पड़ना चाहिए, विदेश की हर औरत का अपना एक स्टेटस होता है, वह पूरी तरह आजाद है। खाविंद अब उसके लिए तमाम जिन्दगी पड़ा रहने वाला मजबूत गले का एक फन्दा नहीं, मामूली-सा सूत का धागा है जिसे जब चाहे बीवी तोड़कर फेंक सकती है। यहाँ तक कि टेलीफोन पर ही कोई बीवी अपने खाविंद से डाइवोर्स ले सकती है।

विद्या : आप शायद ठीक कहते हैं?

किशोर : मैं तो सच ही कहूँगा, फिर आपमें क्या कमी है, आप एजुकेटिड हैं, खूबसूरत हैं, आप में जबरदस्त किस्म की एक्सप्रेसिव पावर है।

विद्या : अच्छा, तो इस सिलसिले में आप मेरी क्या मदद कर सकते हैं?

किशोर : जो आप कहें।

विद्या : मैं जल्द से जल्द इस वातावरण को छोड़ देना चाहती हूँ।

किशोर : यू शुड।

विद्या : यहाँ तिल-तिल एड़ियाँ रगड़ते रहने के सिवा कभी कुछ नहीं हो सकता।

किशोर : फिर जिन्दगी इतनी सस्ती भी नहीं कि उसे हालातों के हवाले कर दिया जाये। मुझे तो योगेश एक साइकिक केस नजर आता है। उसका हर वक्त ऐबसेण्ट माइण्डेड रहना कोई साधारण बात नहीं।

विद्या : हाँ, सोशल हैबिट्स भी कुछ-कुछ जरूर लैक करती हैं।

किशोर : इसका कारण जानती हैं आप, आदमी के संस्कार, जो हमेशा एक साया बनकर उसके साथ चलते रहते हैं।

विद्या : क्या मतलब?

किशोर : मतलब यही कि वह जरूर किसी लोअर क्लास फेमिली को बिलौंग करता है—यानी एक ऐसी फेमिली जिसे कितने ही अभावों से गुजरना पड़ा हो।

विद्या : आपका मतलब है वह इन्फीरियारिटी कॉम्पलेक्स का शिकार है?

किशोर : बेशक...

विद्या : शायद आप ठीक कहते हैं। किसी भी कम्पनी में मूव करना तो जैसे उसे बिल्कुल नहीं आता। कभी-कभी तो अपने फ्रेंड्स के सर्किल में इण्ट्रोड्यूस करते वक्त मुझे बड़ी शर्म-सी महसूस होने लगती है।

किशोर : नेचुरल है। कहाँ आप इतनी एडवान्स, कहाँ वह इतना बैकवर्ड!

विद्या : अच्छा, तो बताइए आप इस मामले में मेरी क्या मदद कर सकते हैं?

किशोर : मैंने अभी कहा न जो आप कहेंगी।

विद्या : इस बाबत सबसे पहले तो मैं आपसे एक व्यक्तिगत सवाल पूछना चाहूँगी।

किशोर : जरूर पूछिये।

विद्या : क्या आप मैरिड हैं?

किशोर : जी, बेशक। सिर्फ इतना ही नहीं, मेरे बच्चे भी हैं—मगर मैं फेमिली लाइफ और पर्सनल लाइफ अलग-अलग मानता हूँ। दोनों को मिक्स कभी नहीं होने देता।

विद्या : अपना-अपना दृष्टिकोण है। बाई द वे, मिस्टर किशोर, अगर मैं यह घर हमेशा के लिए छोड़ दूँ तो...?

किशोर : सिर-आँखों पर, आप जब चाहें उसे छोड़ दें, मैंने अभी कुछ रोज हुए एक नया बंगला खरीदा है, आप उसकी शोभा बढ़ा सकती हैं। इसके अलावा गाड़ी, ड्राइवर, एक-दो नौकरों का सिर्फ इन्तजाम करना है। उसके लिए मैं जाते ही अपने पी. ए. को फोन कर देता हूँ। आपके वहाँ पहुँचने से पहले सब कम्पलीट मिलेगा आपको।

विद्या : **(आश्चर्य से)** क्या...

किशोर : यस, मैडम!

विद्या : मिस्टर किशोर ये इतना कुछ आप मेरे लिए क्यों करना चाहते हैं?

किशोर : क्योंकि ये मेरी आदत है। किसी पर कोई एहसान नहीं। मेरी फितरत है, कीमती हीरों को दलदल व कीचड़ में से निकाल उन्हें उनकी सही जगह पर सजाना और मैं वही सब कर रहा हूँ।

विद्या : नहीं-नहीं, ये बहुत ज्यादा है। मैं चाहती हूँ बजाय इस तरह रहने के आप अगर मुझे कोई नौकरी दे सकें तो अच्छा रहेगा।

किशोर : चलिये, ये भी मंजूर, आप आज से ही एपाइण्टेड।

विद्या : जी...

किशोर : फिर यह तो और भी अच्छा है, क्योंकि मैं तो वैसे भी एक अपनी पर्सनल सेक्रेटरी रखने की सोच रहा था जिसे ये सब सहूलियतें नेचुरली देनी पड़तीं। दोनों काम एक साथ हो जायेंगे। हाँ, एक चीज और मुझे ज्यादा देनी पड़ेगी मगर वह भी नेचुरल है।

विद्या : वह क्या...?

किशोर : सेक्रेटरी की तनख्वाह जो हमारी कम्पनी के मुताबिक कम से कम चार हजार फिक्स है।

विद्या : **(आश्चर्य से)**! चार हजार पर मन्थ?

किशोर : यस...आप चाहें तो इस पोस्ट को ज्वाइन कर सकती हैं।

विद्या : सच? ओह मिस्टर किशोर, आप सचमुच ही बहुत अच्छे हैं।

किशोर : सो यू आर...

विद्या : यू आर रियली वण्डरफुल!

किशोर : इस कम्पलीमेण्ट का शुक्रिया। किशोर आपके लिए ये सब कर सकने

में बेहद खुशी महसूस कर रहा है।

विद्या : मिस्टर किशोर...

किशोर : नहीं, सिर्फ किशोर।

विद्या : कि...शो...र

किशोर : यस...मै...ड...म...(**अभिवादन करता है**)

(दोनों प्यार से एक-दूसरे की ओर देखते हैं।)

(प्रकाश मध्यम)

(प्रकाश फैलता है। पूर्व की स्थिति–इला-योगेश में वार्तालाप)

योगेश : उसके बाद मैं ज्यादा समय तक नहीं ठहर सका। उल्टे पैर वापस हो गया।

इला : ओफ, इतना कुछ घट जाने के बाद भी आप एक मजबूत चट्टान के समान खड़े ही रहे। अकेले जूझते रहे।

योगेश : बेटे, जूझना तो सबको ही अकेले होता है। फिर मेरे साथ तो तुम्हारी अन्ना और अंकल प्रमोद का भी बहुत बड़ा हाथ रहा है।

इला : बेशक...कभी-कभी सोचती हूँ...माँ के इस व्यवहार के उत्तर में स्वयं को आप सबके लिए झोंक दूँ। खूब प्रायश्चित्त करूँ। पापा, मैं अब आपको कोई तकलीफ नहीं होने दूँगी–कभी भी।

योगेश : बेटी, अब तुम जो समझदार हो गयी हो। जाहिर है हमें कोई तकलीफ नहीं हो सकेगी।

इला : (**रुँधे गले से**) यस पापा, आई स्वीयर, आई स्वीयर!

योगेश : (**उसे गले से लगा लेता है**) ओह, नो माई लिटिल डौल...नो...

(योगेश की आँखें भर आती हैं।)

(प्रकाश मद्धम)

दृश्य : पाँच

प्रकाश फैलता है। किशोर का घर। विद्या और किशोर वार्तालाप कर रहे हैं।

किशोर : बस, अब समझ लो हमारे वियोग के दिन एकदम खत्म। इस कांट्रैक्ट के फाइनल होते ही हम दोनों एक लम्बे वर्ल्ड टूर पर निकल पड़ेंगे। मैं तुम्हें सारी दुनिया की सैर कराकर लाऊँगा। तुम ये जानकर खुश नहीं हुईं। अरे, तुम्हें तो खुशी से नाच उठना चाहिए।

विद्या : मैं बहुत खुश हूँ।

किशोर : बिलकुल गलत। तुम्हारे चेहरे से लग रहा है—तुम खुश नहीं हो। मैं महसूस भी कर रहा हूँ तुम कुछ दिनों से कुछ उदास हो—मैं तुम्हें उदास बिलकुल नहीं देख सकता। फिर अब तो कितने साल गुजर चुके हम दोनों को एक साथ रहते। अच्छा, ये बताओ उस पुरानी रेचिड जिन्दगी में और इस मौजूदा जिन्दगी में तुम्हें क्या फर्क महसूस होता है?

विद्या : जिन्दगी वही है जो अपने हाथों से बनाई जाये।

किशोर : नहीं, वह जो विरासत में मिले। देखा नहीं, लोग किस तरह विरासत के लिए तरसते हैं। वर्षों अदालत-कचहरियों में गुजार देते हैं।

विद्या : हाँ, उसके बाद जो उन्हें हासिल होता होगा वह सब वही लोग जानते होंगे।

किशोर : डार्लिंग, आज तुम ये कैसी बातें कर रही हो? प्लीज बी हैप्पी। अच्छा, देखो आज मैं तुम्हें बहुत ही सरप्राइजिंग खबर सुनाता हूँ।

विद्या : क्या?

किशोर : आज मैंने पहली बार यहाँ अपने कुछ खास मेहमानों को इनवाईट किया है।

विद्या : यहाँ इतने सालों के बाद?

किशोर : हाँ, सिर्फ इस खयाल से कि तुम कुछ खुश रह सको—अकेलेपन की बोरियत से दूर रह सको।

विद्या : शुक्रिया!

किशोर : देखो, ये जो लोग विजिट करने आ रहे हैं, बहुत ही खास किस्म के लोग हैं।

विद्या : खास किस्म के?

किशोर : हाँ, इन लोगों के हाथ में समझ लो हम दोनों के भाग्य की कुंजी है।

विद्या : भाग्य की कुंजी?

किशोर : यस, जिस चाबी के हाथ में आ जाने के बाद हमारी जिन्दगी आसमान की बुलन्दियों को छू रही होगी। बस इसमें तुम्हारी मदद की...

(कालबेल बजती है।)

शायद वे लोग आ गये। देखो डार्लिंग, इन लोगों का तुम्हें पूरी तरह से ध्यान रखना है। ये पार्टी किसी भी कीमत पर हमारे हाथ से निकलनी नहीं चाहिए। **(दरवाजा खोलता है। तीन व्यक्ति प्रवेश करते हैं।)** आइये...आइये..., मैं आप ही लोगों का इन्तजार कर रहा था। **(विद्या को सम्बोन्धित करते हुए)** इनसे मिलिये...ये हैं मेरी...

कापड़िया : **(विद्या को देखते हुए)**...वाह...खूब...बहुत खूब!

खचेड़ू : जवाब नहीं...

कापड़िया : तुम ठहरो जी...हमें कहने दो...जवाब नहीं...**(विद्या को ललचाई नजर से देखता है।)** राम किशोर, जवाब नहीं...**(रूमाल से पसीना पोंछता है।)**

किशोर : सेठ...**(नाम भूल जाता है।)**

खचेड़ू : खचेड़ू मल...

गोयना : नहीं...नहीं...सेठ खचेड़ूमल उधमपुर वाले...

किशोर : अच्छा...अच्छा...सेठ खचेड़ूमल उधमपुर वाले...आइये...आइये...बोलिये, क्या लीजियेगा आप?

कापड़िया : राम किशोर...खाने-पीने की बात छोड़, जिस काम खातिर बुलाया है, उसका जुगाड़ कर दे...**(विद्या से)** क्या नाम है जी आपका?

खचेड़ू : हाँ जी...क्या नाम है आपका...?

विद्या : **(कोई जवाब नहीं देती, उठकर बड़े वाले सोफे पर बैठ जाती है।)**

किशोर : इनका नाम विद्या है।

खचेड़ू : हैं...विधवा...

किशोर : जी नहीं, विद्या।

कापड़िया : ये क्या नाम हुआ भाई...अरे, कोई अच्छा-सा नाम क्यों नहीं रख लेता...सुसीला रानी, कमला रानी, बिमला रानी, सरबती रानी...और हम तो इन्हें सरबती रानी ही कहेंगे...हमें ये नाम बहुत भावे है।

खचेड़ू : और मैं आपको अंगूरी देवी...कोई एतराज तो नहीं? **(कापड़िया से मंजूरी लेता है।)**

कापड़िया : एतराज कैसा? आपको जो नाम अच्छा लगे...उस नाम से बुलायें...

किशोर : सेठ जी, वह एग्रीमेण्ट पेपर्स तो आप लाये होंगे न...

कापड़िया : अरे, हो जायेगा ससुरा एग्रीमेण्ट...तू अब की बात तो सम्भाल पहले...

खचेड़ू : हाँ...हाँ...जो सामने है, उसे देखो भाई!

कापड़िया : इनसे कह ना, जल्दी से कुछ बोले...राम किशोर...

किशोर : विद्या...

कापड़िया : हँय...कोई जवाब नहीं...क्यों रे राम किशोर...ये बोलती क्यों नहीं...?

किशोर : थोड़ा शर्माती हैं आपसे...

कापड़िया : शर्म तो हमको भी बहुत आ रही है। **(पसीना पोंछता है)** एकदम ठण्डो पड़ता जा रिया हूँ। राम किशोर, सौदा पक्का...बस अब देर ना कर...

किशोर : आप लोग अन्दर तशरीफ रखें, मैं अभी हाजिर हुआ।

कापड़िया : हाँ भई, जल्दी करियो। चल भई, खचेड़ू! **(दोनों भीतर जाते हैं।)**

किशोर : **(धीरे से)** विद्या, तुम क्या कर रही हो? तुम्हें इन लोगों से ठीक से बात करनी चाहिए—हमें बहुत फायदा हो सकता है।

विद्या : किस तरह बात करनी चाहिए।

किशोर : थोड़ा हँसकर, थोड़ा मुस्कराकर।

विद्या : मगर ये लोग मुझे बिलकुल आदमी नजर नहीं आते।

किशोर : सिर्फ थोड़ी देर की ही तो बात है, प्लीज।

विद्या : मैं इनसे बात करना तो क्या, इनकी तरफ देखना भी पसन्द नहीं

करती।

किशोर : क्या बात करती हो, तुम्हारी वजह से तो मैंने इन्हें यहाँ बुलाया है।

विद्या : मेरी वजह से?

किशोर : हाँ...तुम्हीं सिर्फ अपनी बातचीत से इन्हें खुश कर सकती हो। ये कांट्रैक्ट हमारे हाथ में आना ही चाहिए।

विद्या : मगर मैं ये सब...

किशोर : देखो विद्या, तुम्हें इन लोगों के साथ अगर एक रात भी गुजारनी पड़े तो परवाह नहीं करनी चाहिए।

विद्या : **(आश्चर्य से)** क्या...?

किशोर : हाँ, हमारे भविष्य का प्रश्न है—फिर ये आज के जमाने की एडवांसमेण्ट है।

विद्या : एडवांसमेण्ट ?

किशोर : यस, फिर तुम मेरी पत्नी हो—मैं तुम्हें इसकी इजाजत दे रहा हूँ।

विद्या : एक पत्नी को दूसरों के साथ रात गुजारने की इजाजत एडवांसमेण्ट? किशोर, क्या मेरे बजाय तुम अपनी पहली पत्नी को इन लोगों के साथ रात गुजारने को कह सकते हो?

किशोर : **(क्रोध में)** विद्या!

विद्या : क्यों, तुम्हें ये कांट्रैक्ट मिल जायेगा।

किशोर : आदमी को अपनी औकात में रहना चाहिए।

विद्या : मैं अपनी औकात में ही हूँ।

किशोर : नहीं, तुम उससे बाहर जा रही हो। फिर ज्यादा सती-सावित्री बनने की कोशिश मत करो। मैं तुम्हारी सारी असलियत जानता हूँ।

विद्या : क्या जानते हो तुम!

किशोर : यही कि जब तुम एक आदमी को छोड़कर दूसरे आदमी के साथ कितनी ही रातें गुजार सकती हो तो इन लोगों के साथ एक रात गुजारने में...

विद्या : **(चाँटा मारते हुए)** चुप...।

किशोर : तुमने मुझ पर हाथ उठाया...तुम्हारी ये मजाल...निकल जाओ यहाँ से...अभी और इसी वक्त।

विद्या : हाँ...हाँ...अब तो जाना ही है...काश, और कुछ समय पहले तुम अपना यह असली रूप दिखा सकते, आज मुझे मालूम हुआ, मैं कौन हूँ। एक ऐसा माल जिसे एक जगह से दूसरी जगह सप्लाई किया जा सकता है। मैंने अपने घर से बाहर कदम रखकर बेशक एक बहुत भारी भूल कर दी है—एक ऐसी भूल जिसे जीवन में शायद अब कभी नहीं सुधारा जा सकता। ओफ, एक औरत के लिए उसका घर कितना महत्त्वपूर्ण हो सकता है, इसका अहसास मुझे आज हो पा रहा है। मैं बाहर के खोखलेपन में अन्दर की रोशनी कभी न देख सकी, अन्धी बनी रही। और आज बाजार के ऐसे चौराहे पर खड़ी हूँ जिसका कोई घर नहीं। शायद एक वेश्या का भी घर होता होगा। मेरा तो कहीं भी कुछ नहीं...कहीं भी कुछ नहीं। **(फूट पड़ती है और कमरे से बाहर चली जाती है।)**

(प्रकाश मद्धम)

दृश्य : छह

स्थान : योगेश का घर

इला : अन्ना, एक बात पूछें हम आप से?

नीरा : पूछो।

इला : कल हमारी माँ अगर वापस आयी तो क्या आप हमें छोड़कर चली जायेंगी?

नीरा : **(आश्चर्य से देखती रह जाती है...सकपकाते हुए)** क्या कहती हो, मैं तुम्हें छोड़कर चली जाऊँगी।

इला : कल वह अपने माँ होने का अधिकार हम पर जताने लगें, और हमें मजबूर करने लगें तो?

नीरा : छोड़ो...छोड़ो...ये सब बेकार का सोचना है।

इला : नहीं अन्ना, यदि ऐसा हो गया तो?

नीरा : तब भी मैं तुम्हें छोड़कर कभी नहीं जाऊँगी।

इला : **(फूट पड़ती है, गले से लिपट जाती है)** सच अन्ना...सच कहती हो...हाँ...आप हमें कभी छोड़कर नहीं जाना...हम आप के बगैर एक पल भी नहीं रह सकते...आपकी कसम अन्ना...हम आपके बगैर मर जायेंगे।

नीरा : नहीं, मेरी बच्ची, तू ये सब क्यों सोचती है। मैं भला तुझे छोड़कर क्यों जाऊँगी? चल, मैं तुझे थोड़ा घुमा लाऊँ। तेरी तबीयत शायद ठीक नहीं।

इला : नहीं...नहीं, हम बिलकुल ठीक हैं। क्यों अन्ना, माँ के चले जाने के बाद पापा कभी-कभी बहुत अकेलापन नहीं महसूस करते रहते होंगे।

नीरा : हाँ, बेटी। उनका अकेलापन तो शायद आज तक भी नहीं भर सका है। हर खुशी को देख आज भी डर से जाते हैं।

इला : तभी प्रायः वह बहुत कम बोलते हैं।

नीरा : हो सकता है।

इला : अन्ना, यदि माँ कभी वापस लौटकर आयीं तो क्या पापा उन्हें...

नीरा : सम्भवतः ...क्योंकि वह बहुत ब्राड माइण्डेड हैं।

इला : मगर मैं उन्हें ऐसा हरगिज नहीं करने दूँगी।

नीरा : **(आश्चर्य से)** इला।

इला : हाँ। उन्होंने पापा के साथ जो कुछ किया...वह पापा के लिए कितने बड़े दुख का विषय रहा है।

नीरा : क्या दुख रहा है तुम्हें—मुझे तो तुमने कभी कुछ बताया नहीं?

इला : यही तो खेद है। आपके अथाह प्यार ने कभी कुछ कहने ही तो नहीं दिया, अन्ना...।

नीरा : क्या...क्या दुख था तुम्हें, अब बताओ?

इला : किसी को माँ कहकर पुकारने का।

नीरा : क्यों...वह सब हमने बराबर पूरा करने की कोशिश की है।

इला : आपने केवल पूरा करने की ही नहीं, माँ से भी कहीं अधिक प्यार दिया है हमें...।

नीरा : फिर...?

इला : मगर माँ तो नहीं कहने दिया, केवल अन्ना कहने का ही अधिकार दिया। यह शब्द अन्दर-ही-अन्दर न जाने हमें क्यों कचोटता था? क्यों इच्छा होती है कि 'माँ' शब्द से हम किसी को सम्बोधित करें। हम हमेशा इस शब्द को दोहराने के लिए छटपटाते रहे...

नीरा : इला, ऐसा नहीं सोचते।

इला : क्यों, क्या यह सच नहीं है?

नीरा : इ...ला...! छोड़ो ये सब, चलो। आज मैं तुम्हें एक नयी फिल्म दिखाकर लाऊंगी... **(प्रस्थान)**

प्रकाश फैलता है। योगेश का घर। योगेश किसी पुस्तक को पढ़ने में व्यस्त है। उसी समय विद्या दरवाजे में प्रवेश करती है, जिसे देख वह चौंक उठता है। एकदम खड़ा हो जाता है।

योगेश : तु...म...।

विद्या : **(दरवाजे पर ही खड़ी डबडबाई दृष्टि से घर के चारों ओर देखती है।)**

योगेश : आ...ओ...अन्दर आ जाओ।

विद्या : **(किसी अपरिचित के समान अन्दर प्रवेश करती है। घर की प्रत्येक वस्तु को गौर से देखती है। सामने टेबिल पर रखी एक फोटो की ओर बढ़ जाती है।)**

योगेश : ये...फोटो...इला का है। अब वह काफी बड़ी हो गयी है।

विद्या : **(फोटो को गौर से देखती है। फिर अपनी साड़ी के छोर से उसे साफ कर उसी स्थान पर रख देती है। दूसरी ओर दृष्टि डालती है। एक पेड़ लगा दिखाई देता है। उसकी ओर बढ़ जाती है।)**

योगेश : हाँ, ये पेड़ तुमने लगाया था। मैं इसे हर रोज पानी देता रहा। अब काफी बड़ा हो गया है।

विद्या : **(पेड़ छूकर देखती है।)**

योगेश : मुझे यूनिवर्सिटी की तरफ से नया बंगला एलॉट हुआ था, मैंने मना कर दिया...इसी घर में रहना अच्छा समझा। तबदील नहीं किया...अच्छा-बुरा वक्त यहीं गुजारा है न...फिर वैसे भी यहाँ रहते अब एक आदत-सी हो गयी है...खैर...तुम कैसी हो?

विद्या : **(रुँधे गले से)** ठीक हूँ।

योगेश : ठीक ही रहना चाहिए--मेरे लिए कभी भी किसी काम की जरूरत समझो तो संकोच नहीं करना...मुझे जरूर कहना।

विद्या : **(गौर से उसे देखती है।)**

योगेश : मैं क्या कर सकता था, विवश था। उस समय मेरे पास साधन...

विद्या : न...हीं...नहीं...**(जोर से फूट पड़ती है।)**

योगेश : कोई बात नहीं...तुम खुश हो, ठीक है...खुश रहना चाहिए। **(बाहर दरवाजे की तरफ देखता है।)** शायद नीरा और इला लौटने वाली होंगी...आज वे दोनों एक नयी पिक्चर देखने गयी हैं...मैं बहुत जल्द उसकी शादी कर देना चाहता हूँ...कोई अच्छा-सा लड़का मिल जाये तो...अच्छा तो...**(उसे जाने के लिए जैसे संकेत कर रहा हो। विद्या बाहर की ओर जाने लगती है।)**

योगेश : तुम कोई तकलीफ नहीं उठाना...हाँ...ठीक से रहना...हाँ।

उसी समय इला और नीरा दरवाजे में प्रवेश करती हैं। सब अवाक्-से एक-दूसरे को देखते रह जाते हैं। विद्या की सिसकियाँ सबको सुनाई दे रही हैं।

❖ ❖

कोठा

'कोठा' नाटक का प्रथम मंचन श्री अशोक निशेश के निर्देशन में 12 मार्च, 1983 को श्रीराम सेण्टर, मण्डी हाउस, नयी दिल्ली में हुआ। भूमिकाएँ इस प्रकार थीं :

ब्रह्मदेव	:	हेमन्त मिश्र
दयाल	:	शिवकुमार शर्मा
मनुदेव	:	आनन्द शर्मा
माधवी	:	पोर्श्या मुखर्जी
रंजना	:	रेखा ठाकुर
डॉ. विनय	:	अमित ठाकुर
धर्माधिराज	:	डॉ. बी. किशन
आकृतियाँ	:	कमलकुमार, एस.के. वीर, गिरीशचन्द, मधुसूदन

दृश्य : एक

स्थान : ब्रह्मदेव का घर।

ब्रह्मदेव रूढ़िवादी संस्कारों का एक व्यक्ति। आयु लगभग अड़तालीस वर्ष। आराम कुर्सी पर बैठा किसी पुस्तक को पढ़ने में व्यस्त है। कुछ दूरी पर मनुदेव, उसका पुत्र, जिसकी आयु लगभग दस वर्ष है, दीवार के सहारे एक पैर से खड़ा है।

योगेश : तुम कोई तकलीफ नहीं उठाना...हाँ...ठीक से रहना...हाँ।

मनु : पिताजी, मैं थक गया हूँ। मुझसे और अधिक खड़ा नहीं रहा जा रहा है। मुझ पर दया कीजिए...क्षमा कर दीजिए, मैं अब कभी आपकी आज्ञा का उल्लंघन नहीं करूँगा।

ब्रह्मदेव : **(कोई ध्यान नहीं देता)**

मनु : पिताजी, मेरे पैर में बहुत दर्द हो रहा है। इस तरह खड़े-खड़े तो मैं मर जाऊँगा...दया कीजिए...मुझे सीधा खड़े होने की आज्ञा दे दीजिए।

हाथ जोड़कर गिड़गिड़ाने लगता है। परन्तु ब्रह्मदेव कोई ध्यान नहीं देता।

मनु : **(काँपते हुए)** पिताजी...सब कुछ घूम रहा है...मुझे चक्कर आ रहे हैं...मैं...मैं...गिर रहा हूँ...मैं...गिर...रहा...हूँ...मुझे...सम्हा...

(मनु गिर पड़ता है। ब्रह्मदेव क्रोध से कुर्सी से उठता है। पास ही रखी छड़ी से उसे जोर-जोर से मारने लगता है।)

ब्रह्मदेव : तूने मेरी आज्ञा का उल्लंघन किया कैसे? तुझसे कहा नहीं था, मेरी आज्ञा के बगैर पैरों को सीधा नहीं करना है, फिर

भी तू नहीं माना...क्यों नहीं माना...क्यों नहीं मा....(**बेंतों से उसे लगातार पीटता जाता है।**) चल, खड़ा हो जा फिर उसी जगह पर एक टाँग से, और याद रख, इस बार बगैर मेरी आज्ञा तूने इसे सीधा किया तो दोनों टाँगें तोड़ दूँगा। मुझसे नाटक करता है...चक्कर आ रहा है...गिर रहा है...दो घण्टे भी खड़ा नहीं रहा जाता। योगी-तपस्वी वर्षों एक टाँग पर तपस्या करते रहते हैं। (**मनु उसी तरह पड़ा रहता है, जो अर्द्धमूर्च्छित हो चुका है।**) मुझे प्रत्येक काम समय पर चाहिए, मेरी आज्ञा का तुरन्त पालन होना चाहिए—नालायक... गधा...कुल का कलंक...!

(हाथ में थामी छड़ी को दूर फेंक देता है–मनु को उसी दशा में छोड़, बाहर की ओर चला जाता है।)

दयाल : ब्रह्मदेव, घर में हो या...

(दृष्टि मनु पर जाती है। उसकी ओर दौड़ता है–गोदी में उठा लेता है।)

क्या हुआ बेटे...क्या हुआ...क्या फिर उसने.....

मनु : दादू...मुझे मार दो! मुझे मार दो, दादू...। (**जोर से दादू के गले से लिपट जाता है।**)

दयाल : नहीं, मेरे बेटे, ऐसा नहीं कहते। सब ठीक हो जायेगा... सब...तू घबरा नहीं...चल उठ, मेरे साथ...मैं देखता हूँ फिर तुझे कौन हाथ लगाता है। बाप है या कोई जल्लाद! जरा से बच्चे को इतनी सख्त यातना...सारा सूज गया है...चल तू मेरे साथ...(**उसे उठाने लगता है।**)

दृश्य : दो

स्थान : मन्दिर

मनु और माधवी आपस में वार्तालाप कर रहे हैं।

माधवी : ओ...फ...उसके बाद...

मनु : दयाल दादू मुझे अपने साथ ले आते, पिताजी उन्हें विश्वास दिलाकर मुझे घर वापस ले आते। फिर उनका आत्म-स्वाभिमान जाग उठता और उन्हीं यातनाओं का सिलसिला फिर चालू।

माधवी : दादू तुम्हारे कौन थे?

मनु : कोई भी नहीं, पिताजी के एक बचपन के दोस्त। वह सिर्फ उन्हीं से थोड़ा दबते थे।

माधवी : तुम्हारी माँ उन्हें नहीं रोकती थी?

मनु : हूँ...माँ...माँ बेचारी कहाँ से रोकती, उसे तो मेरे पूरा होश सँभालने से पहले ही चले जाना पड़ा। कभी-कभी तो मुझे माँ पर बहुत गुस्सा आता है।

माधवी : क्यों, जी?

मनु : इसलिए कि वह मुझे अकेला क्यों छोड़ गयी...अपने साथ क्यों नहीं ले गयी...साथ ले जाती तो मुझे इन यातनाओं से तो नहीं गुजरना होता। माँ के साथ उन्होंने कोई रियायत नहीं की। मुझे याद है कुछ धुँधला-सा कि पिताजी उन्हें बालों से पकड़, उनका सिर कई बार जोर से दीवार से दे मारते थे। कमरे में बन्द कर घण्टों उन्हें मारते रहते—तब तक, जब तक वह बेहोश नहीं हो जातीं।

माधवी : ओ...फ...ये तो भयंकर अपराध था।

मनु : माँ चीखतीं-चिल्लातीं, मगर उन पर उसका कोई असर नहीं होता। ओफ...माँ की उन चीखों को आज भी रात को सोते हुए नींद में

कभी-कभी सुनता हूँ तो जोर से चीख उठता हूँ—फिर एक पल को भी नींद नहीं आती...एक घबराहट-सी होने लगती है।

माधवी : वास्तव में तुम्हारे पिताजी बहुत ही कठोर हृदय के व्यक्ति हैं।

मनु : हाँ...वह अपने संस्कारों के विरुद्ध भी कुछ सहन नहीं कर सकते। यह सब कुछ जान लेने के पश्चात् भी तुम मुझसे विवाह करना चाहती हो?

माधवी : हाँ...क्योंकि मैंने तुम्हें देखा है...तुम्हें चाहा है...किसी और से मेरा कोई सम्बन्ध नहीं है...फिर भी तुम्हारी राय जानना मैं जरूरी समझती हूँ...तुम निःसंकोच होकर मुझे बताओ! क्या वास्तव में मैं तुम्हारे योग्य हूँ?

मनु : माधवी, क्या कहती हो? केवल तुम्हीं तो मात्र मेरे लिए आशा हो, अन्यथा इस सूने जीवन को केवल एक बोझ के और क्या कह सकता हूँ।

माधवी : ठीक है, तो आओ मेरे साथ। **(मनु का हाथ पकड़ मूर्ति के पास ले जाती है।)** जिस प्रकार मैं कहूँ, उसी प्रकार तुम्हें भी उन शब्दों को दोहराना है।

मनु : ठीक है।

माधवी : मैं, माधवी, सुपुत्री श्री कैलाशनाथ, मनुदेव को अपना पति स्वीकार करती हूँ।

मनु : मैं, मनुदेव, सुपुत्र श्री ब्रह्मदेव माधवी को अपनी पत्नी स्वीकार करता हूँ।

माधवी : यह विवाह हमने अपनी इच्छा से किया है।

मनु : यह विवाह हमने अपनी इच्छा से किया है।

माधवी : हम अन्तिम साँस तक इसका पालन करते रहेंगे।

मनु : हम अन्तिम साँस तक इसका पालन करते रहेंगे।

(दोनों शीश झुका देते हैं। माधवी साड़ी के एक पल्ले को फिर उसके हाथ में थमा देती है।)

माधवी : लो इसे पकड़कर सात चक्कर और लगा डालते हैं, चलो आगे-आगे।

मनु : सात चक्कर?

माधवी : हाँ-हाँ, कहते हैं, सात फेरों से दो व्यक्ति हमेशा के लिए एक-दूसरे के हो जाते हैं।

मनु : ठीक है—तो जरूर लगा लेते हैं।

(सात चक्कर लगा लेते हैं।)

माधवी : कैसा लगा?

मनु : बड़ा विचित्र!

माधवी : अच्छा लगा?

मनु : बहुत अच्छा!

माधवी : लो, आज से मैं तुम्हारी...

मनु : और मैं...

माधवी : और तुम मेरे...देखा कितना आसान है यह सब।

मनु : बेशक।

माधवी : जबकि लोग इसका अच्छा-खासा तमाशा बना देते हैं।

मनु : तमाशा?

माधवी : और नहीं तो क्या, एक लम्बा-चौड़ा जुलूस-ढिंढोरा पीट-पीटकर।

मनु : हाँ, ये तो है।

माधवी : जबकि विवाह एक व्यक्तिगत सम्बन्ध है।

मनु : बेशक।

माधवी : बेकार के आडम्बरों की क्या आवश्यकता है? ये सब एकदम वर्जित हैं।

मनु : हाँ, वर्जित, तभी तो कोई विवाह एक आदर्श विवाह कहा जा सकता है।

माधवी : अच्छा ये बताओ, हम अपने इस विवाह-पर्व को कैसे मनायेंगे?

मनु : तुम्हीं बताओ।

माधवी : हम फिर एक बार इसी मन्दिर में आयेंगे—थोड़ा-सा प्रसाद लेकर।

मनु : फिर?

माधवी : उसे इस मूर्ति पर चढ़ायेंगे, फिर लोगों में बाँट देंगे।

मनु : यह कहकर कि यह हमारे विवाह का प्रसाद है।

माधवी : निस्सन्देह।

मनु : मगर सुनो! क्या लोग इससे सन्तोष कर लेंगे?

माधवी : क्यों, करेंगे क्यों नहीं?

मनु : इसलिए कि इस विवाह से पूर्व उन्हें प्रत्येक विवाह पर एक बढ़िया-सा

महाभोज जो मिलता रहा है।

माधवी : चलो, तो एक-एक कप चाय और थोड़ा-सा स्नैक्स हम भी ऑफर कर देंगे।

मनु : सॉरी! कोई नहीं आयेगा।

माधवी : क्यों?

मनु : क्योंकि लोग किसी शादी में नहीं जाते।

माधवी : तो?

मनु : शादी में दिये गये इस महाभोज के लिए जाते हैं।

माधवी : यानी शादी का मतलब है—खाना।

मनु : बेशक।

माधवी : मगर यह सब तो अपनी आर्थिक स्थिति पर निर्भर करता है।

मनु : वे यह सब नहीं जानते।

माधवी : अगर किसी की कैपेसिटी न हो तो?

मनु : होनी ही चाहिए, क्योंकि 'अतिथि सत्कार' एक कर्तव्य है। एक नियम है।

माधवी : घर फूँक तमाशा देखो!

मनु : कुछ भी जले, नियम नियम है!

माधवी : तब हम एक काम करेंगे।

मनु : बोलो!

माधवी : आपस में एक्सचेंज!

मनु : एक्सचेंज?

माधवी : यानी तुम मुझे प्रसाद दोगे, मैं तुम्हें!

मनु : बाकी के लोग?

माधवी : पत्ता साफ!

मनु : बस तो ठीक है। इस शादी के बाद होने वाली किसी भी शादी का नाम लोग सुनेंगे, तो घर का ताला बन्द कर सीधे हरिद्वार चले जायेंगे।

माधवी : कोई न कोई तो जायेगा ही। जिसके पास नहीं होगा, और इधर-उधर से हाथ-पाँव मारकर लोगों को खिलायेगा, तो आखिर में उसे ही हरिद्वार जाना पड़ेगा।

मनु : एक काम क्यों न करें?

माधवी : बोलो।

मनु : क्यों न शादी के बाद हम लोग ही हरिद्वार चलें!

माधवी : यह ठीक है।

मनु : तो मिलाओ हाथ!

(दोनों हाथ मिलाते हैं। फिर जोर से हँसते हैं। फिर माधवी मनु का हाथ थाम दूसरी ओर ले जाती है। दोनों बैठ जाते हैं।)

माधवी : अच्छा बताओ, शादी के बाद हमें क्या-क्या करना है?

मनु : शादी के बाद? एक घर...

माधवी : छोटा-सा।

मनु : सिर ढँकने को।

माधवी : हाँ।

मनु : एक नौकरी।

माधवी : गुजारे लायक।

मनु : बिल्कुल!

माधवी : तुम सुबह काम पर जाया करोगे।

मनु : तुम?

माधवी : मैं तुम्हें तैयार करके भेजा करूँगी।

मनु : फिर?

माधवी : दिन ढलते ही दरवाजे पर टकटकी लगाये तुम्हारा इन्तजार, घर में घुसते ही सैकड़ों मुसकराहटों से तुम्हारा स्वागत!

मनु : बस?

माधवी : और क्या! जानते हो, यह एक हाईएस्ट रिगार्ड है, जो एक बीवी अपने आदमी को दे सकती है!

मनु : वो तो है! मगर अठारहवीं शताब्दी का!

माधवी : अच्छा...तो आज का क्या है?

मनु : अभी लो! खड़ी हो जाओ सामने!

माधवी : फिर!

मनु : हूँ...बताऊँ...अभी लो...**(एक स्थान पर लेट जाता है, पत्नी दूसरी ओर, दूसरे स्थान पर। फिर एकदम उठता है। घड़ी की तरफ देखता**

है, सो रही पत्नी को जगाता है। पत्नी हड़बड़ाकर उठती है। पति बाथरूम की तरफ, पत्नी किचन की तरफ। जल्दी-जल्दी चाय बनाने का माईम करती है। पति बाथरूम से भागकर आता है। दोनों चाय पीते हैं। चाय का कप हाथ में लिये ही पति बाथरूम में नहाने के लिए भागता है। पत्नी किचन में ही खाना बनाने का माईम करने लगती है। उधर पति बाथरूम में नहाने का माईम करता है। नल का अचानक बन्द हो जाना। नल के आगे हाथ जोड़ना। फिर पत्नी को पानी लाने के लिए माईम करना। पत्नी का पानी लाना। पत्नी का जल्दी-जल्दी पानी डालना। तौलिये से बदन को पोंछने लगना। कपड़े पहनना शुरू करना–तभी अचानक नल का आ जाना। पति का तमाम भीग जाना। फाउंटेन को गाली बकना। पत्नी का खिलखिलाकर हँसना। फिर दूसरे कपड़े लाकर देना। पति का किचन में नाश्ता तैयार करना। पत्नी का प्रेस करना। तभी किचन में किसी चीज का गिरना। पत्नी का किचन की तरफ भागना। पति का प्रेस करने लगना। पत्नी का नाश्ता लाकर देना। साथ में पैकिट लंच। दोनों का नाश्ता करना और अपने-अपने लंच बाक्स लेकर दफ्तर के लिए चल पड़ना। बस स्टाप पर पहुँचना। बस के लिए भागना। बस का हाथ न आ सकना। माथा पीटना। तभी एक बस का अचानक आ जाना। सामान की तरह पत्नी को बस में धकेलना। फिर खुद भी चढ़ जाना और रूमाल से पसीना पोंछते हुए खुश होना। उसे खुश देख पत्नी का खुश होना।)

(दोनों खिलखिलाकर हँस पड़ते हैं।)

माधवी : **(मुस्कराते हुए)** अच्छा, तो यह है वह लेटेस्ट फैमिली लाइफ! अच्छा, उसके बाद?

मनु : उसके बाद दोनों का टूटे हुए-सा घर लौटना। अधमरी पत्नी का साहस बटोर किचन में जाना। एक कप चाय के साथ कुछ स्नैक्स रखकर लाना। चाय के घूँट सटकते हुए बिस्कुट को लालीपॉप की तरह चूसना। दोनों का एक-दूसरे की तरफ देखना। एक उम्मीद का संकेत। यानी कुछ-कुछ प्राणों का लौटना। हिम्मत का इकट्ठा होना। रिलैक्स। कुछ क्षणों बाद हड्डियों का शोर। फिर एक-दूसरे की ओर देखना। समझ जाना। अपने-अपने बिस्तर की ओर बढ़ना। यानी शरीर एक बिस्तर है।

आदमी टूटना। इसके आगे कुछ नहीं...

माधवी : तब उसके बाद नयी सुबह हो गयी।

मनु : अरे...नयी सुबह कहाँ से हो गयी?

माधवी : क्यों, रात के बाद सुबह नहीं हो जाती क्या?

मनु : मगर नयी तो नहीं होती!

माधवी : क्यों?

मनु : क्योंकि फिर वही बाथरूम, किचन, बेड-टी, लंच, प्रेसिंग, ब्रशिंग, बस-लाइन, धक्का वगैरह।

माधवी : **(हैरानी से)** ये लेटेस्ट हस्बैंड-वाइफ की कहानी है?

मनु : अरे, कहानी नहीं, एक सामने का खड़ा सच कहो!

माधवी : मगर इस सबसे तो वे हस्बैंड-वाइफ न होकर एक चक्की के दो पाट हो गये!

मनु : बेशक! और इन चक्की के दो पाट में बाकी न बचा कोय!

माधवी : तब तो इस जिन्दगी से जंगल की जिन्दगी कहीं अच्छी।

मनु : अरे कहाँ, मैडम! जंगल भी तो माडर्न गार्डन में चेंज हो गये। पेड़ गायब, घास छोटी-छोटी। नो शैड! नो शेल्टर! भागकर कोई छिपेगा कहाँ?

माधवी : तब तो वह अठारहवीं शताब्दी ही अच्छी...

मनु : क्यों?

माधवी : आदमी जी तो सकेगा।

मनु : जी तो आज भी सकता है!

माधवी : कैसे?

मनु : जगह ज्यादा...आदमी कम!

माधवी : धत्!

(दोनों हँसते हैं। माधवी हाथ पकड़कर मनु को दूसरी ओर ले जाती है।)

माधवी : यहाँ बैठो...**(स्वयं बैठती है।)** अच्छा, एक बात पूछूँ?

मनु : पूछो!

माधवी : हमारे इस प्रकार के विवाह से तुम्हें तो कोई आपत्ति नहीं?

मनु : आपत्ति कैसी, ये सब तो हमने अपनी इच्छा से किया है। क्या तुम्हें

कोई आपत्ति है?

माधवी : बिल्कुल नहीं!

मनु : तो फिर मुझे क्या हो सकती है!

माधवी : तुम्हें न सही, तुम्हारे घर के लोगों को!

मनु : उससे क्या अन्तर पड़ता है?

माधवी : उन्होंने मुझे स्वीकार न किया तो?

मनु : न करें!

माधवी : तब क्या तुम मुझे छोड़ दोगे?

मनु : कैसी बातें करती हो?

माधवी : क्यों, तुमने एक बार कहा नहीं कि तुम्हारे पिताजी अपने प्राचीन नियमों एवं परम्पराओं के प्रति बहुत कठोर हैं!

मनु : अवश्य?

माधवी : तुम स्वयं भी कभी-कभी उन कठोर नियमों से डर जाते हो!

मनु : हाँ।

माधवी : वह न माने तो?

मनु : मेरा विचार है, उन्हें मान लेना चाहिए।

माधवी : एक क्षण के लिए समझ लो कि वह नहीं मानते?

मनु : तब मैं वह घर छोड़ दूँगा!

माधवी : नहीं...नहीं, मैं ऐसा नहीं चाहती।

मनु : तब उन्हें तुम्हें स्वीकार कर लेना ही चाहिए। फिर मेरा विश्वास है कि वह अब मेरे भविष्य को अन्धकार में तो जाने की भूल नहीं करेंगे। फिर माधवी मनु की ही है। मगर तुम ये सब क्यों सोच रही हो?

माधवी : केवल इसलिए कि मैं भी कभी-कभी तुम्हारी तरह डर जाती हूँ।

मनु : तुम्हें मुझ पर विश्वास करना चाहिए! फिर हमने अभी-अभी जो प्रतिज्ञा की है, वह सब आडम्बर था क्या?

माधवी : नहीं...नहीं, ऐसा नहीं!

मनु : तो फिर?

माधवी : परिस्थितियों के आधार पर।

मनु : वे सब बदल चुकी हैं।

माधवी : हाँ! मगर बदलना तो इन्सान का जरूरी है!

मनु : उसे बदलना ही होगा। दकियानूसी विचारों को घसीटा जा सकता है, उन पर खड़ा नहीं रहा जा सकता।

माधवी : परन्तु कभी-कभी यही विचार इन्सान को घसीटकर बहुत पीछे ले जाते हैं।

मनु : तब इन्सान टूट जाता है।

माधवी : हाँ, और उसके साथ-साथ उसके आस-पास के वातावरण को भी मैं नहीं चाहती!

मनु : ओफ, तुम ये क्या ऊलजलूल सोचने लगी हो! दोनों ही जानते हैं, ये जो कुछ हमने किया है, अपनी इच्छा से किया है क्योंकि हमें एक-दूसरे की जरूरत थी।

माधवी : हाँ मेरा तो अस्तित्व ही तुम हो!

मनु : तुम कभी-कभी बहुत घबरा जाती हो!

माधवी : एक औरत हूँ न, जो विनाश से निर्माण में कहीं अधिक विश्वास रखती है।

मनु : हाँ, यह सत्य है, मगर तुम्हें व्यर्थ में डरना नहीं चाहिए। हमने कोई अपराध नहीं किया। किसी के नियमों का उल्लंघन नहीं किया। हर व्यक्ति को अपने विषय में सोचने की पूरी-पूरी स्वतन्त्रता है—हमने वही किया है। पिताजी यदि तुम्हें स्वीकार नहीं करते, तब भी मेरा निर्णय अटल रहेगा सुनो, मैं चाहता हूँ, पिताजी के पास तुम इस प्रस्ताव को लेकर जाओ।

माधवी : मैं...?

मनु : हाँ...तुम! मैं यह जानना चाहता हूँ, तुम्हारे प्रस्ताव से उन पर क्या प्रभाव पड़ता है।

माधवी : परन्तु क्या यह उनके नियमों के प्रतिकूल नहीं होगा?

मनु : हाँ, उससे मुझे कोई अन्तर नहीं पड़ता। माधवी मनु की है, मनु की रहेगी।

माधवी : **(प्यारभरी दृष्टि से उसकी ओर देखती है।)** म...नु...

मनु : **(उसकी ओर देखता है)**...मा...ध...वी...!

दृश्य : तीन

स्थान : ब्रह्मदेव का घर

माधवी और ब्रह्मदेव वार्तालाप कर रहे हैं।

ब्रह्मदेव : हूँ, तो तुम अनुमति लेने आयी हो?

माधवी : जी...

ब्रह्मदेव : तुम कहती हो मनु भी सहमत है।

माधवी : जी...

ब्रह्मदेव : उसने मुझसे तो ऐसा कुछ नहीं कहा?

माधवी : वह आपका बहुत सम्मान करते हैं।

ब्रह्मदेव : तो क्या...?

माधवी : साहस नहीं कर सके।

ब्रह्मदेव : तुमसे कहलवाया?

माधवी : जी, सम्भवतः।

ब्रह्मदेव : मगर बहू देखने तो प्रायः उसके ही घर जाया जाता है, न कि बहू यह प्रस्ताव लेकर वर के घर आये।

माधवी : जी, परन्तु...

ब्रह्मदेव : तुम स्वयं ही चली आयीं। चलो, ठीक है—तुम्हारा नाम?

माधवी : माधवी।

ब्रह्मदेव : मनु को कब से जानती हो?

माधवी : तीन वर्ष से, हम दोनों एक ही कॉलेज में पढ़ते थे।

ब्रह्मदेव : और स्वाभाविक है साथ-साथ पढ़ते रहने से प्रेम हो जाना, क्यों?

माधवी : जी, बस कुछ ऐसा ही हो गया...

ब्रह्मदेव : मगर माँ-बाप तो अपने बच्चों को शिक्षा के लिए इन कॉलेजों में भेजते हैं, न किं वर-वधू की खोज करने!

माधवी : साथ-साथ रहने से दो व्यक्तियों में घनिष्ठता हो ही जाती है।

ब्रह्मदेव : हाँ-हाँ, क्यों नहीं! तुम्हारे पिता क्या करते हैं?

माधवी : वह नहीं हैं।

ब्रह्मदेव : और कौन-कौन हैं?

माधवी : माँ और एक छोटा भाई।

ब्रह्मदेव : घर की आजीविका?

माधवी : जी, मैं अब एक स्कूल में अध्यापिका हूँ, गुजारा चल जाता है।

ब्रह्मदेव : ओह, तभी शायद तुम स्वयं ही विवाह की बात करने आयी हो?

माधवी : जी, फिर विवाह जब मुझे ही करना है, तो बात करने से क्या अन्तर पड़ता है?

ब्रह्मदेव : तुम्हें न पड़ता हो, परन्तु विवाह के लिए एक तरीका होता है, एक नियम...

माधवी : इन आडम्बरों की क्या आवश्यकता है।

ब्रह्मदेव : आडम्बर नहीं हैं ये, नियम नियम है। एक समय वह भी था जब ब्याह-शादी की बात सबसे पहले नाई, ब्राह्मणों द्वारा आरम्भ की जाती थी।

माधवी : जी...

ब्रह्मदेव : यह एक तरीका था।

माधवी : जी, परन्तु अब समय बदल चुका है।

ब्रह्मदेव : समय बदल सकता है, धार्मिक नियम नहीं बदला करते। हर घर की कुछ परम्पराएँ हुआ करती हैं, कुछ तौर-तरीके—उनका ध्यान रखा ही जाना चाहिए। तभी विवाह के समय वर-वधू के अभिभावकों की आवश्यकता हुआ करती है...परन्तु तुम्हारा तो शायद ऐसा कोई अभिभावक ही नहीं। खैर, मैं तुमसे ही बात कर लेता हूँ।

माधवी : जी, अवश्य कीजिए।

ब्रह्मदेव : इस घर को शायद तुमने अच्छी तरह से देख लिया होगा?

माधवी : जी...

ब्रह्मदेव : तब तो इसमें प्रवेश पाने के लिए इसके स्तर का भी तुम्हें अवश्य अनुमान हो गया होगा।

माधवी : जी, मैं समझी नहीं?

ब्रह्मदेव : ये बात भी शायद तुम्हें दकियानूसी ही लगेगी, मगर यह यहाँ की परम्परा है, जिसे मैंने ही नहीं, मेरे से पूर्व के पुरखों ने बराबर निभाया है।

माधवी : नहीं-नहीं, आप निःसंकोच कहें, मैं अवश्य पालन करूँगी।

ब्रह्मदेव : इस घर में जो भी बहू आयी है, खाली हाथ कभी नहीं आयी...और शास्त्रों के अनुसार कन्या के दान से बड़ा महादान और कोई नहीं माना जाता। शायद तुम मेरा तात्पर्य समझ गयी होगी?

माधवी : जी, नहीं।

ब्रह्मदेव : तो मैं बता देता हूँ—अपनी स्थिति के अनुसार तुम अपने विवाह में कितना कुछ लगा सकती हो?

माधवी : जी, मेरे पास तो कुछ भी नहीं।

ब्रह्मदेव : क्यों, तुभ कॉलेज में पढ़ती रही हो। मनु से विवाह भी करना चाहती हो, जो तुम्हारे घर के स्तर से काफी ऊँचा कहा जा सकता है। आखिर यह साहस कोई साधारण बात तो नहीं?

माधवी : ऐसा कुछ तो मैंने कभी सोचा भी नहीं?

ब्रह्मदेव : हाँ, क्योंकि तुम नये जमाने की लड़की हो, जो ये सब नहीं सोचते, तभी तो मैंने कहा था—विवाह के विषय में अभिभावकों की बहुत ही आवश्यकता होती है—क्योंकि वर-वधू के विषय में पूरी जानकारी का होना अनिवार्य होता है, जो एक कठिन कार्य है। खैर, मैं तुम्हें यह बताना चाहूँगा—मनु से तुम्हारा विवाह किसी भी रूप में सम्भव नहीं।

माधवी : **(आश्चर्य से)** जी...

ब्रह्मदेव : हाँ...क्योंकि उसका विवाह उसके बचपन में ही हो चुका है, जिसका उसे भी आज तक ज्ञान नहीं।

माधवी : नहीं-नहीं, यह नहीं हो सकता।

ब्रह्मदेव : क्यों, हो क्यों नहीं सकता?

माधवी : परन्तु हम लोग तो ईश्वर को साक्षी मानकर एक-दूसरे को पति-पत्नी स्वीकार कर चुके हैं।

ब्रह्मदेव : **(आश्चर्य से)** क्या...?

माधवी : जी हाँ।

ब्रह्मदेव : मेरी बिना आज्ञा के तुमने ऐसा कर लिया...जानती हो घर के लोगों की आज्ञा के बिना विवाह एक गम्भीर अपराध है, जिसका दण्ड तुम्हें

अवश्य ही मिलना चाहिए।

माधवी : नहीं-नहीं, मैंने कोई अपराध नहीं किया। यह धोखा है!

ब्रह्मदेव : धोखा यह नहीं, वह है जो तुमने किया है—माता-पिता की आज्ञा के बगैर विवाह कर लेने का धोखा! फिर याद रखो, किसी भी मूर्ति को साक्षी मान, विवाह कर लेना, समाज के नियमों पर कदापि लागू नहीं हो सकता। समाज के नियम शाश्वत हैं—जीवन से मृत्यु तक। अतः ऐसे विवाह को ना के बराबर ही समझना चाहिए—व्यक्ति के स्वयं के निर्णयों का दण्ड उसे स्वयं को ही भोगना होता है, न कि समाज को।

माधवी : **(सिसकते हुए)** नहीं, यह नहीं हो सकता।...यह कभी नहीं हो सकता।

ब्रह्मदेव : आकाश के ग्रहों को धरती से पकड़ने की कल्पना मूर्खता है। रेत के घर रहने के लिए नहीं होते। फिर भी मैं तुम्हारी बुद्धि की प्रशंसा करता हूँ, अपने को उठा सकने का तुम्हारा यह प्रयास अवश्य ही सराहनीय है। चिन्ता मत करो, तुम यदि यहाँ सफल नहीं हो सकीं, तो यह अनिवार्य नहीं, अन्यत्र कहीं सफल न हो सको। अपने प्रयास बराबर जारी रखो!

माधवी : ऐसा मत कहिये, ईश्वर के लिए ऐसा मत कहिये! **(फूट पड़ती है, धरती पर गिर जाती है।)**

दृश्य : चार

स्थान : ब्रह्मदेव का घर।

दयाल जो ब्रह्मदेव का मित्र है, वार्तालाप कर रहा है।

ब्रह्मदेव : तुमने इस लड़की का साहस देखा—उसे भी मन्दिर में ले जाकर अपने आप विवाह कर लिया।

दयाल : उसके बाद...?

ब्रह्मदेव : मुझसे अनुमति लेने आयी थी।

दयाल : तुमने क्या कहा?

ब्रह्मदेव : क्या कहता, साफ इनकार कर दिया। जरा सोचो, कभी ऐसा भी हो सकता है क्या? परन्तु मनु विवाह के लिए कैसे सहमत हो गया।

दयाल : शायद वह स्वयं भी ऐसा चाहता होगा।

ब्रह्मदेव : नहीं-नहीं, वह कभी ऐसा नहीं कर सकता—जरूर यह सब उस लड़की की ही चाल है।

दयाल : ताली दोनों हाथ से बजती है, ब्रह्मदेव!

ब्रह्मदेव : मगर कभी-कभी विवश हो, एक हाथ को दूसरे हाथ तक ले जाना ही पड़ता है।

दयाल : मनु ने इससे पूर्व इस विषय में कभी तुमसे कोई जिक्र किया?

ब्रह्मदेव : नहीं, वह कभी ऐसा सोच भी नहीं सकता। फिर यह प्रश्न कुल की मर्यादा का है।

दयाल : अवश्य।

ब्रह्मदेव : उसे विवश किया गया है—किसी प्रपंच में उलझाया गया है!

दयाल : नहीं!

ब्रह्मदेव : तब?

दयाल : यह विवाह मनु की इच्छा से ही हुआ है।

ब्रह्मदेव : क्या कह रहे हो तुम?

दयाल : हाँ, बात को समझने की कोशिश करो।

ब्रह्मदेव : नहीं-नहीं, ऐसा कभी नहीं हो सकता।

दयाल : हाँ...तुम्हारे विचार से।

ब्रह्मदेव : तुम्हारा तात्पर्य?

दयाल : यही कि तुम अपने संस्कारों की चादर को और अधिक लपेटने का प्रयत्न कर रहे हो—वास्तविक स्थिति को नहीं समझ रहे।

ब्रह्मदेव : दयाल...!

दयाल : यह जो कुछ हुआ है, दोनों की इच्छा से हुआ है।

ब्रह्मदेव : यदि ऐसा ही था तो मनु मुझसे कह सकता था।

दयाल : नहीं...!

ब्रह्मदेव : क्यों...?

दयाल : क्योंकि वह तुम्हें जानता है।

ब्रह्मदेव : क्या जानता है।

दयाल : तुम किस रोग से ग्रस्त हो!

ब्रह्मदेव : दयाल, तुम हमेशा उसी का पक्ष लेने लगते हो।

दयाल : हाँ, वह सही होता है—इसलिए।

ब्रह्मदेव : तो मैं हमेशा गलत होता हूँ क्या?

दयाल : मैंने ऐसा तो नहीं कहा।

ब्रह्मदेव : और क्या कहना चाहते हो तुम?

दयाल : यही कि सही बात को समझो!

ब्रह्मदेव : और इस विवाह को मान लूँ?

दयाल : हाँ।

ब्रह्मदेव : यह कदापि नहीं हो सकता। मेरे भी कुछ अधिकार हैं।

दयाल : जरूर हैं।

ब्रह्मदेव : तब क्या उसे अनुमति नहीं लेनी चाहिए थी?

दयाल : अवश्य।

ब्रह्मदेव : तो...?

दयाल : तभी, जब न्याय की उसे पूरी आशा होती।

ब्रह्मदेव : तो क्या मैं...?

दयाल : हाँ, तुम निष्पक्ष न्याय कभी नहीं देते।

ब्रह्मदेव : यह तुम कैसे कह सकते हो?

दयाल : चलो तो अब दे दो।

ब्रह्मदेव : क्या...?

दयाल : उसकी गलती को तुम सुधार लो।

ब्रह्मदेव : दयाल...!

दयाल : देखो, यह दो व्यक्तियों के जीवन का प्रश्न है।

ब्रह्मदेव : आखिर मैं भी तो बाप हूँ।

दयाल : हाँ, तभी तो मैं तुमसे कह रहा हूँ—इस बात को गम्भीरता से सोचो। अपने अधिकारों का सही उपयोग करो।

ब्रह्मदेव : और वे उन्हें छीनते चले जायें!

दयाल : कौन?

ब्रह्मदेव : वे दोनों।

दयाल : नहीं, वे तुम छीन रहे हो।

ब्रह्मदेव : मैं...?

दयाल : हाँ, तुम! तुम एक औरत से उसके आदमी को छीन लेना चाहते हो। मत भूलो, औरत सब कुछ दे सकती है, अपने आदमी को किसी कीमत पर नहीं दे सकती।

ब्रह्मदेव : तुम्हारा तात्पर्य है, मैं उनकी बात मान लूँ?

दयाल : यदि अपने बाप के पद को बचाना चाहते हो तो। अभी भी समय है।

ब्रह्मदेव : मेरे होते ऐसा समय कभी नहीं आ सकता। मुझे अपने घर को बचाना आता है और जब तक मुझसे होगा, मैं उसे हर हालत में बचाने की कोशिश करूँगा। वह यदि उसे मन्दिर में ले जाकर अपनी इच्छा से विवाह कर सकती है, तो मुझे भी इसका उत्तर देना आता है...और मैंने उसे दे भी दिया है।

दयाल : क्या...कहीं तुम इस विषय में कुछ कर तो नहीं बैठे?

ब्रह्मदेव : मेरे घर में आग लगेगी तो क्या मैं खड़ा देखता रहूँगा?

दयाल : तुमने उससे क्या कहा है?

ब्रह्मदेव : यही कि जिस मनु से वह विवाह करना चाहती है, उसका विवाह बचपन में ही हो चुका है।

दयाल : ओफ! तुमने यह अच्छा नहीं किया, ब्रह्मदेव!

ब्रह्मदेव : क्या अच्छा नहीं किया? क्या मैं सड़क चलती किसी भी लड़की को बहू बना अपने घर में ले आता! हर घर की कुछ परम्पराएँ हुआ करती हैं, कुछ तौर-तरीके, जिन्हें निभाया जाना अनिवार्य है। फिर विवाह गुड्डे-गुड़ियों का खेल नहीं है, जिसे जब चाहा, जैसे चाहा, खेल लिया। यह दो जीवनों का सम्बन्ध होता है, जिसे अन्तिम साँस तक निभाना होता है।

दयाल : ठीक है, जैसी तुम्हारी इच्छा। मैं अब चलूँगा। अन्त में केवल यही कहना चाहता हूँ—जिन प्राचीन परम्पराओं, अन्धविश्वासों को आने वाली पीढ़ी स्वयं ही तोड़कर फेंक देना चाहती है, तुम उनकी रक्षा कहाँ तक कर सकोगे? तुम्हें तो उनसे पहले ही चले जाना है। वे अपने आप ही टूट जायेंगी, तुम नहीं होगे। फिर बाहर देखने के बजाय आदमी को अपने अन्दर देखने का प्रयास करना चाहिए, आदमी शायद वहीं होता है। **(जाता है।)**

ब्रह्मदेव : **(स्वयं से)** हूँ, कोरे उपदेशों से कोई पेट नहीं भर सकता। जीवन एक वास्तविकता है, जिसे चलकर ही जिया जा सकता है। फिर मैंने उसे पढ़ाया है, लिखाया है, रुपया पानी की तरह बहाया है...क्या इसलिए कि कोई चलती-फिरती लड़की मेरे इस घर में घुस आये? दयाल इस बात को क्यों नहीं समझता। ये प्यार-मोहब्बत भावुकता की बातें हैं, जिन पर कभी घर नहीं खड़ा किया जा सकता। मैं टूट जाऊँगा, मगर यह सब कदापि नहीं होने दूँगा—कदापि नहीं! **(किन्हीं विचारों में खो जाता है।)**

दृश्य : 5

स्थान : मन्दिर का दृश्य।

ब्रह्मदेव और मनु साथ-साथ चल रहे हैं। मनु प्रश्न करता जा रहा है, साथ ही इस स्थान को बड़े ही आश्चर्य से देखता जा रहा है। कुछ आकृतियाँ दिखाई दे रही हैं, जो विचित्र-सा शब्दनाद करती जा रही हैं।

मनु : पिताजी, यह मुझे आप कहाँ ले आये हैं?

ब्रह्मदेव : क्यों, क्या यह स्थान सुन्दर नहीं है?

मनु : हाँ, परन्तु बड़ा विचित्र-सा लग रहा है।

ब्रह्मदेव : लग रहा है न—बस यही इस स्थान की विशेषता है। यह एक पवित्र स्थान है, जहाँ आने पर अशुद्ध आत्माओं की शुद्धि हो जाती है। इस स्थान पर आने के पश्चात मनुष्य संसार के समस्त दूषित वातावरण से बच सकता है, उसे एक अद्‌भुत शक्ति मिल सकती है।

मनु : परन्तु यहाँ तो मुझे बड़ा भय लग रहा है।

ब्रह्मदेव : अवश्य लग रहा होगा। निर्बल आत्माओं को यहाँ ऐसा ही प्रतीत होता है। **(एक स्थान पर बैठने का संकेत करता है।)** बैठ जाओ यहाँ!

(मनु बैठ जाता है। ब्रह्मदेव ताली बजाता है। कुछ आकृतियाँ जिनकी वेशभूषा पंडितों जैसी है, विभिन्न स्थानों से प्रवेश करने लगती हैं। एक स्वर-सा उभरता है।)

ब्रह्मदेव : मैं रोगी को ले आया हूँ, अतः आप कृपया इसका उपचार करें। आत्मा की शुद्धि...

मनु : पिताजी, ये लोग कौन हैं?

ब्रह्मदेव : इन्हें नहीं पहचानते, ये यहाँ के महान तपस्वी हैं—धर्म-प्रवर्तक, जो

मानव के जीवन को सही दिशा का ज्ञान कराते हैं, उसके मन को शुद्ध करने का महान कार्य करते हैं।

मनु : परन्तु मुझे तो ऐसा कोई रोग नहीं है?

आकृति-1 : रोगी स्वयं अपने रोग को नहीं जान सकता, यही तो इस रोग की कठिनता है।

मनु : जी...मैं...रोगी? नहीं पिताजी, मैं बिल्कुल स्वस्थ हूँ। अपने हर अच्छे-बुरे को समझता हूँ। आपको भ्रम हुआ है, मुझे कोई रोग नहीं।

आकृति-2 : चुप रहो, तुम्हें रोग है या नहीं, सब हम जानते हैं।

मनु : नहीं-नहीं, मेरा मन घबरा-सा रहा है। मैं यहाँ और अधिक नहीं ठहर सकूँगा। अतः आप मुझे ज़ाने की आज्ञा दें।

आकृति-3 : तुम यहाँ से कदापि नहीं जा सकते।

मनु : जी...?

आकृति-4 : हाँ। यहाँ से जाना तभी सम्भव होगा, जब तुम्हारी आत्मा शुद्ध हो जाएगी।

मनु : परन्तु पिताजी, मैंने कहा तो—मुझे कोई रोग नहीं है।

आकृति-1 : चुप रहो! तुम यहाँ से नहीं जा सकते।

मनु : परन्तु मुझे जाना ही होगा, मैं यहाँ एक पल भी नहीं ठहर सकता।

(मनु तेजी से जाने का प्रयास करता है। उसी समय वे आकृतियाँ उसके चारों ओर से आगे बढ़ने लगती हैं। मनु जैसे ही क्रमानुसार बचने के लिए इनके निकट जाता है, वैसे ही एक झटका-सा अनुभव करता है और छटपटाने लगता है। ये आकृतियाँ रस्सी खींचने का माईम करती हैं। मनु एक के पश्चात दूसरी आकृति की ओर स्वयं ही खिंचता चला जाता है, फिर हाँफकर धरती पर गिर जाता है।)

ब्रह्मदेव : **(मुसकराते हुए)** कहो, अब कैसे हो—कुछ अन्तर पड़ा? **(मनु आश्चर्य से उसकी ओर देखता है।)** क्या देख रहे हो? चलो, उठो, जैसा वे कहें, वैसा ही करते चले जाओ।

(मनु बड़ी कठिनाई से खड़ा हो जाता है। आकृति एक फिर ताली बजाती है, तभी एक व्यक्ति एक लड़की को, जो दुल्हन-सी दिखाई दे रही है, साथ लिये प्रवेश करता है।)

आकृति-2 : कन्या को और निकट ले आओ।

(लड़की का पिता कन्या को और निकट ले आता है।)

मनु : यह कौन है, पिताजी?

ब्रह्मदेव : तुम्हारी होने वाली पत्नी।

मनु : **(आश्चर्य से)** जी, मेरी पत्नी...परन्तु मैं यह विवाह नहीं कर सकता।

ब्रह्मदेव : यहाँ निजी इच्छाओं का कोई प्रश्न नहीं उठता—तुम्हें इस कन्या के साथ विवाह करना ही होगा।

मनु : परन्तु मेरा विवाह हो चुका है, जिसे आप भी जानते हैं। मैं यह विवाह कदापि नहीं कर सकता।

ब्रह्मदेव : इस स्थान पर लगाये सात फेरों के बिना कोई विवाह विवाह नहीं माना जा सकता, समझे! जल्दी करो, समय नष्ट मत करो।

मनु : मैं ऐसा कदापि नहीं कर सकता।

ब्रह्मदेव : क्या कहा...नहीं?

मनु : हाँ...नहीं!

ब्रह्मदेव : तुम अवश्य करोगे। तुम्हें अवश्य करना होगा **(ताली बजाता है।)**

(आकृतियाँ अपने हाथों से खींचने का अभिनय करती हैं। मनु को लगता है वह रस्सी उसके गले में कसती चली जा रही है, और उसे एक ओर से दूसरी ओर घसीटा जा रहा है। वह चारों ओर भागता है, फिर छटपटाकर गिर जाता है। धीरे-धीरे फिर मनु को होश आने लगता है।)

ब्रह्मदेव : कितने मूर्ख हो तुम, जो एक विधि-विधानपूर्वक हो रहे कार्य में विघ्न डाल रहे हो! चलो, उठो।

मनु : **(हाँफते हुए)** मेरा विवाह हो चुका है—मैं अब यह विवाह नहीं करूँगा।

ब्रह्मदेव : क्यों व्यर्थ में और अधिक यातनाएँ भोगना चाहते हो! चलो, उठो।

मनु : मैं विवाहित हूँ।

ब्रह्मदेव : विवाहित हो तो तुम्हारी पत्नी कहाँ है?

मनु : वह अनायास कहीं चली गयी है, मैं उसे खोज रहा हूँ। **(सब आकृतियाँ हँसती हैं।)**

ब्रह्मदेव : कब तक खोजोगे उसे?

मनु : जब तक वह मुझे मिल नहीं जाती।

ब्रह्मदेव : यदि सारा जीवन नहीं मिली तो क्या सारा जीवन ही खोजते रहोगे?

मनु : हाँ।

ब्रह्मदेव : सुना आपने, यह जन्म-जन्मान्तर तक उसे खोजता ही रहेगा।

(आकृतियाँ फिर हँसती हैं।)

इससे पूछो क्या विवाह के पश्चात सबकी पत्नियाँ चली जाती हैं—उन्हें खोजना पड़ता है?

(आकृतियाँ हँसती हैं।)

विवाह परिवार को बसाने के लिए किया जाता है, एक-दूसरे के भागने-भगाने के लिए नहीं। अग्नि के सम्मुख यदि इस पवित्र स्थल पर फेरे लेते तो पत्नी कभी नहीं भाग जाती। समझे! चलो, जल्दी करो।

(मनु खड़ा रहता है। आकृतियाँ मन्त्र पढ़ती हैं। मनु चुपचाप उस स्त्री के साथ सात फेरे लगाता है और विवाह हो जाता है। आकृतियाँ अपने स्थान पर चली जाती हैं। मनु वहीं खड़ा रहता है। वधू भी उसके पीछे खामोश खड़ी रहती है।)

ब्रह्मदेव : **(हँसता है।)** अब तुम स्वतत्र हो...जहाँ चाहो जा सकते हो...जिसे चाहो खोज सकते हो...कोई अन्तर नहीं पड़ता...कोई अन्तर नहीं...क्योंकि तुम्हारी आत्मा अब शुद्ध है।

दृश्य : छह

मनु और रंजना वार्तालाप कर रहे हैं।

रंजना : क्या मैं इस सबका कारण जान सकती हूँ?

मनु : तुम्हारे किसी भी प्रश्न का उत्तर मेरे पास नहीं, पिताजी के पास है।

रंजना : नहीं, मेरे हर प्रश्न का सम्बन्ध केवल आपसे है।...क्या कोई भूल हो गयी है मुझसे?

मनु : नहीं।

रंजना : कोई कमी है मुझमें?

मनु : नहीं।

रंजना : क्या मैं आपके योग्य नहीं हूँ?

मनु : नहीं-नहीं, ऐसा कुछ भी नहीं है।

रंजना : तो फिर ऐसा क्या है, जो आप मेरे साये तक से भी दूर रहना चाहते हैं?

मनु : मैं सिर्फ अकेला रहना चाहता हूँ।

रंजना : मगर क्यों?

मनु : कहा तो, तुम्हारे इन प्रश्नों का उत्तर मेरे पास नहीं है।

रंजना : पिताजी से मैं प्रश्न कर नहीं सकती, आप मुझे उत्तर दे नहीं सकते। आखिर मेरा दोष...?

मनु : तुम्हारा कोई भी दोष नहीं।

रंजना : तब ऐसा क्यों है?

मनु : ये दुर्भाग्यपूर्ण है।

रंजना : क्या मेरे कारण?

मनु : नहीं।

रंजना : तो फिर मुझे कोई कुछ समझा तो दे—मेरी कुछ समझ में नहीं आ रहा।

मनु : कुछ प्रश्नों के कोई जवाब नहीं होते। वे मात्र प्रश्न ही बनकर रह जाते हैं। इन प्रश्नों को प्रश्न बनाने वाले ही इनका उत्तर समझ सकते होंगे—मैं नहीं जानता। जहाँ तक मेरा सम्बन्ध है, मुझे तुमसे कोई शिकायत नहीं—मैं तुम्हारा बहुत सम्मान करता हूँ और विश्वास रखो, आगे भी यह सम्मान बराबर बना ही रहेगा। मैं तुम्हें...

रंजना : नहीं चाहिए मुझे केवल ये सम्मान...नहीं चाहिए...नहीं चाहिए... **(फूट पड़ती है।)**

(मनु बाहर की ओर जाता है। ब्रह्मदेव जो यह सब कुछ सुन रहा है, उसकी ओर आश्चर्य से देखता है।)

दृश्य : 7

दयाल और ब्रह्मदेव वार्तालाप कर रहे हैं।

ब्रह्मदेव : क्यों, मानते हो न! देखा, परिवार को कैसे बचाया जाता है। इस विवाह में केवल आर्थिक लाभ ही नहीं—सामाजिक प्रतिष्ठा भी काफी मिली है। केशव तो कह रहा था, मैं राजनीति में कूद जाऊँ—वह जल्दी ही कोई सम्मानित ओहदा दिलवा देगा।

दयाल : अच्छा चलो, तुम तो खुश हो।

ब्रह्मदेव : हाँ, मैं तो बहुत सन्तुष्ट हूँ। तुम अगर उस समय होते तो सभी कुछ अपनी आँखों से देखते...विवाह में क्या रौनक थी...समझ लो आधा शहर इसमें शामिल था।

दयाल : बड़े भाग्यशाली हो। मनु भी खुश है न?

ब्रह्मदेव : **(सकपका जाता है)** हैं...मनु...

दयाल : क्यों, सकपका क्यों गये?

ब्रह्मदेव : मनु खुश नहीं है।

दयाल : क्यों?

ब्रह्मदेव : क्या कह सकता हूँ। मेरा जो कर्तव्य था, मैंने पूरा कर दिया। अब वह खुश न रहे तो दोष किसका? दयाल, तुम कभी-कभी आ जाया करो न!

दयाल : मैं तो अकसर ही आता रहता हूँ।

ब्रह्मदेव : हाँ, तुम तो जानते हो केवल तुम्हीं मेरे बचपन के सबसे ज्यादा नजदीकी दोस्त हो।

दयाल : मैं कब इनकार करता हूँ।

ब्रह्मदेव : तुमको बात कह देने से मन कुछ हलका महसूस करता है।

दयाल : यह मेरे लिए सौभाग्य की बात है।

ब्रह्मदेव : दयाल, पता नहीं क्या बात है—इस घर में सभी कुछ है, मगर सब कुछ खाली-खाली सा लगता है।

दयाल : खुशी आदमी के अन्दर की चीज है, ब्रह्मदेव!

ब्रह्मदेव : हाँ, सो तो है।

दयाल : शान्ति वहीं मिल सकती है।

ब्रह्मदेव : शायद...सुनो, तुम मनु को समझाते क्यों नहीं?

दयाल : क्या?

ब्रह्मदेव : यही कि दूसरे की बेटी से ऐसा व्यवहार नहीं करना चाहिए।

दयाल : दूसरे की बेटी...**(उसकी ओर एकटक देखता है।)**

ब्रह्मदेव : हाँ-हाँ...यानी विवाह के पश्चात् उसका अपनी पत्नी से कटे-कटे रहना। उसकी ओर नजर तक उठाकर नहीं देखना...

दयाल : तुमने कभी उससे कहा?

ब्रह्मदेव : हाँ...परन्तु कोई उत्तर नहीं दिया—केवल एक विचित्र दृष्टि से मुझे देखता रहा। बड़ा भय-सा महसूस हुआ। अब तो उससे बात करने में भी बहुत संकोच महसूस होता है—उसका व्यवहार भी बड़ा विचित्र—सा हो गया है।

दयाल : कुछ कारण मालूम हुआ?

ब्रह्मदेव : नहीं...मैं तो कई बार विवाह के पश्चात् भी तुम्हारे घर गया था, परन्तु तुम मिले ही नहीं।

दयाल : अनायास ही जाना पड़ा।

ब्रह्मदेव : दयाल, तुम उससे बात क्यों नहीं करते? तुम्हें तो वह बहुत मानता है।

दयाल : जरूर करूँगा।

ब्रह्मदेव : हाँ...जरा सोचो, इस विवाह से उसे क्या कुछ नहीं मिला—अच्छा घर, अच्छी पत्नी और उसके साथ-साथ अच्छी-खासी दौलत भी। अगर सारा जीवन बैठकर खाये तो भी खत्म नहीं हो सकता।

दयाल : हूँ...धन, दौलत, रुपया-पैसा...यह सब ही काफी नहीं, इससे परे आदमी में मन नाम की भी एक चीज होती है...इन सब चीजों से बहुत ऊपर, जिसका नाम है—शान्ति...सकून—उसे इन सब चीजों से कहीं अधिक शान्ति की जरूरत है—जो उसे मिलनी चाहिए। मैं जरूर

कोशिश करूँगा।

ब्रह्मदेव : हाँ-हाँ, उसे समझाओ—उससे कहो, यह सब मैंने उसके भले के लिए किया है—परिवार के संस्कारों को बचाया है। फिर प्रेम किसी की व्यक्तिगत सम्पत्ति तो नहीं, वह किसी भी स्त्री से किया जा सकता है।

दयाल : तुम प्रत्येक बात को अपने ढंग के अनुसार मोड़ लेने में कितने दक्ष हो। परन्तु यह वास्तविकता से मुँह मोड़ना ही है। मैंने कितना तुम्हें समझाया था कि स्थिति को समझो, अपने बाप के पद को बचाओ—परन्तु तुम यह भयानक खेल खेल ही गये। अब इसका एक ही उपाय है।

ब्रह्मदेव : क्या?

दयाल : उसे कुछ समय के लिए उस वातावरण से अलग कर दिया जाये, जिसमें वह अब तक घुटता रहा है।

ब्रह्मदेव : हाँ-हाँ, यह ठीक रहेगा, बिल्कुल ठीक। तुम उससे कहो न—उसे विनय के पास क्यों न भेज दिया जाय। वे दोनों बचपन से एक-दूसरे के काफी निकट भी रहे हैं। कुछ समय वहाँ रहेगा तो सम्भव है, कुछ परिवर्तन आ सके।

दयाल : ठीक है, मैं उससे बात करूँगा।

ब्रह्मदेव : तुम कहोगे तो वह जरूर मान जायेगा। तुम्हें वह बहुत मानता है।

दयाल : ठीक है, मैं अब चलूँगा। **(जाता है।)**

ब्रह्मदेव : **(स्वयं)** दयाल कभी-कभी कितना विचित्र दिखाई देता है, मैंने आज तक कभी भी उसे विचलित होते नहीं देखा। हर परिस्थिति में बिल्कुल एक जैसा, एकदम शान्त, एक गहरा समुद्र, विशाल और अथाह। शायद वह अपने अन्दर ही देखता है—आदमी में समुद्र कितना अजीब है, ये कितना अजीब...

दृश्य : आठ

स्थान : मन्दिर का दृश्य।

मंच के बीचोंबीच एक व्यक्ति एक ऊँची-सी कुर्सी पर बैठा है, जिसकी वेशभूषा धर्माधिराज की-सी दिखाई दे रही है। घण्टों के बजने का स्वर होता है। धर्माधिराज की जय-जयकार का चारों ओर शब्दनाद होता है।

धर्माधिराज : अपराधी को उपस्थित किया जाये!

(तभी दो व्यक्ति माधवी को घसीटकर मंच पर पटक देते हैं, अन्य कुछ पीछे आते हैं।)

धर्माधिराज : अपराध वर्णन हो।

एक : महानुभाव, यह स्त्री एक अन्य स्त्री के पति को लेकर भाग रही थी।

धर्माधिराज : क्यों?

एक : यह कहती है—वह उसका पति है।

धर्माधिराज : अन्य स्त्री का पति उसका पति?

एक : हाँ, श्रीमन्!

धर्माधिराज : क्या प्रमाण है उसके पास?

एक : एक पत्थर की मूर्ति।

धर्माधिराज : क्या...पत्थर की मूर्ति?

एक : कहती है, उसके सम्मुख उसने अमुक व्यक्ति से विवाह किया था।

धर्माधिराज : बेजान मूर्ति के समक्ष...विवाह क्या किसी और ने देखा?

एक : नहीं, श्रीमन्!

धर्माधिराज : तब यह कैसे हो सकता है? बेजबान मूर्ति तो कोई प्रमाण नहीं। इससे कहो कोई, ठोस प्रमाण दे।

एक : यह कहती है, अन्य कोई प्रमाण इसके पास नहीं है।

धर्माधिराज : तब इससे कहो, यह उस पुरुष का साथ छोड़ दे।

एक : यह ऐसा करना भी अस्वीकार करती है, श्रीमन्!

धर्माधिराज : **(क्रोध से)** क्यों?

एक : यह कहती है—उसने ईश्वर को साक्षी मानकर उस पुरुष से विवाह किया है। आजीवन इसी की पूजा करेगी।

धर्माधिराज : क्या मूर्खता है! इससे कहो—यह उस पुरुष को छोड़ किसी भी पुरुष को पूज सकती है।

एक : यह इसे स्वीकार नहीं है।

धर्माधिराज : क्यों नहीं है? यह धर्म के नियमों में बाधा है, एक सामाजिक अपराध है, जो सहज नहीं किया जा सकता। इसे समझाओ। संसार में ऐसे कितने ही पुरुष हैं, यह उनमें से कोई भी चुन ले।

एक : यह इनकार करती है। कहती है—धर्मानुसार ईश्वर को साक्षी मानकर इसने उस पुरुष को पति माना है, अन्य पुरुष की कल्पना भी नहीं कर सकती—वह पाप है।

धर्माधिराज : मगर इस सबका प्रमाण क्या है?

एक : भगवान की मूर्ति। वही साक्षी है।

धर्माधिराज : पत्थर की बेजान मूर्ति! क्या इसकी बुद्धि क्षीण हो गयी है? इस प्रकार तो कोई भी पत्थर की मूर्ति हाथ में लेकर किसी भी स्त्री या पुरुष के पीछे चल सकता है...तो क्या वास्तव में पति-पत्नी हो जायेंगे। नहीं-नहीं, यह सम्भव नहीं, ठोस प्रमाण चाहिए।

एक : अन्य कोई प्रमाण नहीं।

धर्माधिराज : देखो अपराधिनी, हम स्त्री होने के कारण तुम्हें पर्याप्त अवसर देना चाहते हैं, अन्यथा धर्म के कार्य में हस्तक्षेप असहनीय है। तुम यदि चाहो तो यहाँ ही किसी भी व्यक्ति को अपना पति चुन सकती हो, नहीं तो तुम्हें दुराचारिणी घोषित कर दिया जायेगा। हम तुम्हें सोचने का समय देते हैं। **(कुछ समय मौन रहता है।)**

धर्माधिराज : तो क्या निर्णय लिया तुमने?

स्त्री : मैं ऐसा नहीं कर सकती, श्रीमन्!

एक : यह दुराचारिणी है!

दो : यह पापिनी है!

तीन : कुलटा...!

चार : कुलक्षणी...!

पाँच : धर्म के नाम पर कलंक...!

दो : इसे प्राणदण्ड दिया जाये!

तीन : नगर के बीच में कोड़े लगाये जायें!

चार : हाथी के पैरों से बाँधकर नगर-प्रदर्शन किया जाये, जिससे हर नगरवासी इस घोर अपराध के दण्ड को स्वयं अपनी आँखों से देख सके।

धर्माधिराज : शान्त-शान्त-शान्त! हे कुलश्रेष्ठो, शान्त! हम अवश्य अपराधिनी को इस अपराध का उपयुक्त दण्ड देंगे। अन्ततः सब हमारा निर्णय सुनें। अपराधिनी माधवी के इस गम्भीर अपराध पर गम्भीरता से विचार करने के पश्चात् हम यह अनुभव करते हैं—अपराधिनी को अपने बचाव के लिए काफी अवसर प्रदान करने के पश्चात् भी वह किसी भी अन्य व्यक्ति को अपना पति नहीं चुन सकी, अतः हम निर्णय देते हैं कि अपराधिनी का विवाह नगर से ही कर दिया जाये। इसलिए वह भविष्य में एक पुरुष की पत्नी न होकर सारे नगर की पत्नी रहेगी और राजनर्तकी के रूप में सबका मनोरंजन करेगी।

(तभी प्रकाश बिस्तर पर सो रही माधवी पर जाता है, जो जोर से चीख उठती है।)

माधवी : न...हीं...ये नहीं हो सकता। छोड़ दो...मुझे छोड़ दो...मैं कहती हूँ—मुझे छोड़ दो।

(डॉक्टर विनय भागा हुआ प्रवेश करता है।)

विनय : क्या हुआ? क्या हुआ, माधवी? **(माधवी घबरायी-सी चारों ओर देखती है।)** क्या बात है?

माधवी : कुछ नहीं।

विनय : क्या कोई सपना देख रही थी?

माधवी : हाँ, शायद! बहुत ही भयानक।

विनय : यह सब तुम्हारे अधिक सोचते रहने का ही परिणाम है। मैं कई बार तुमसे कह चुका हूँ—तुम्हें व्यर्थ में अधिक नहीं सोचना है, क्योंकि तुम माँ बनने वाली हो। इससे तुम्हारे बच्चे पर भी प्रभाव पड़ सकता है। खुश रहने की कोशिश करो। लो, यह थोड़ा-सा पानी पी लो। **(पानी पीती है।)** कैसी हो अब?

माधवी : ठीक हूँ।

विनय : बी हैप्पी, माधवी! तुम्हें हिम्मत से काम लेना चाहिए।

माधवी : मैं यहाँ कैसे आयी हूँ?

विनय : बस आ गयीं। तुम्हें बचना था—बच गयीं। तभी तो कहते हैं—जीवन लेने वाले से जीवन देने वाला कहीं अधिक शक्तिशाली होता है। मैं तुम्हें सब कुछ बता दूँगा—तुम पहले स्वस्थ तो हो जाओ।

माधवी : मैं अब बिल्कुल ठीक हूँ।

विनय : यह जानना तो डॉक्टर का काम होता है। और मैं डॉक्टर होने के नाते अभी ऐसा महसूस नहीं करता।

माधवी : नहीं-नहीं, मेरा विश्वास कीजिए। डॉक्टर, मैं बिल्कुल ठीक हूँ।

विनय : आइ एम ग्लैड टू नो दिस। एक डॉक्टर को अपने मरीज से यह बातें सुनकर बेशक बहुत खुशी होती है...और देखो, मैं तुमसे सिर्फ डॉक्टर-मरीज का रिश्ता ही नहीं, उससे आगे का रिश्ता कायम करना चाहता हूँ, अगर तुम मुझे यह इजाजत दे सको तो।

माधवी : आगे का रिश्ता...?

विनय : हाँ।

माधवी : मैं समझी नहीं।

विनय : अरे भई, आपसी रिश्ता—जिनमें बँधकर हर शख्स अपने को बहुत ही खुशनसीब महसूस करने लगता है।

माधवी : क्या रिश्ता कायम करना चाहते हैं आप?

विनय : हूँ...क्या रिश्ता? **(सोचता है।)** अच्छा यह बताओ—इन्सान के रिश्तों में सबसे ऊँचा रिश्ता कौन-सा माना जा सकता है?

माधवी : शायद बहन-भाई का।

विनय : बिल्कुल ठीक। तो बोलो, तुम्हें यह रिश्ता मंजूर है?

माधवी : **(आश्चर्य से देखने लगती है।)** डॉ-क्-ट-र...

विनय : हूँ-हूँ, डॉक्टर नहीं, मेरा नाम विनय है। बोलो जल्दी, क्या सोचा है तुमने?

माधवी : **(खुश होते हुए)** मुझे मंजूर है।

विनय : तो डॉक्टर नहीं, विनय कहो, विनय भैया।

माधवी : विनय भैया...

विनय : माधवी...

माधवी : तुम...तुम...बिल्कुल डॉक्टर...?

विनय : नहीं लगता न? एकदक ठीक कहा तुमने। क्योंकि लोग शायद समझते हैं कि एक डॉक्टर के पास दिल ही नहीं होता...क्योंकि जिन्दगी-मौत की लड़ाई को लगातार देखते रहने से उसकी भावात्मक चेतना मर जाती है...वह जड़ बन जाता है...मगर यह सच नहीं है। हर डॉक्टर भी बिल्कुल एक इन्सान की तरह ही होता है—सब कुछ वही। गम में रोना—खुशी में हँसना।

माधवी : हाँ, आपको देखकर तो अब मैं जरूर यह अन्दाज लगा सकती हूँ।

विनय : अच्छा, अब यह पूछो कि मैंने इस रिश्ते की माँग तुमसे क्यों की?

माधवी : हाँ...क्यों की?

विनय : इसीलिए कि तुम्हारी सूरत और आदत बिल्कुल वन्दना से मिलती-जुलती है।

माधवी : वन्दना कौन?

विनय : मेरी बहन।

माधवी : ओह, कहाँ हैं वह? मैं उनसे जरूर मिलना चाहूँगी।

विनय : नहीं, यह सम्भव नहीं हो सकता।

माधवी : क्यों?

विनय : क्योंकि अब वह इस दुनिया में नहीं है।

माधवी : ओह, आय एम सॉरी! क्या हो गया था उन्हें?

विनय : कुछ भी नहीं...बस जाना था, चली गयी। दो रोज बुखार आया...आता रहा...फिर कभी नहीं उतरा और वन्दना को साथ ले गया। उस वक्त मैं बहुत छोटा था—कुछ भी नहीं कर सका। वह मेरी सिर्फ बहन ही नहीं, एक तरह से मेरी माँ भी थी।

माधवी : माँ।

विनय : हाँ, उसने मुझे बचपन से पाला था।

माधवी : और आपकी माँ।

विनय : मैंने उसे नहीं देखा। जब होश सम्भाला था, सिर्फ दादू या वन्दना को ही देखा।

माधवी : दादू...आपके पिता?

विनय : नहीं, वह उससे भी बहुत आगे हैं।

माधवी : मैं समझी नहीं।

विनय : वन्दना ने मुझे एक दिन बताया था--दादू मुझे स्टेशन से उठाकर लाये थे। मैं कई जगह से जख्मी हो चुका था–बस जैसे मांस का एक लोथड़ा।

माधवी : ओह, फिर?

विनय : कोई आदमी मुझे रेल की लाइन पर फेंककर चला गया था–शायद मेरी माँ या बाप ही होगा।

माधवी : क्या?

विनय : हाँ, अचानक मैं दादू की नजर में पड़ गया। वह मुझे घर ले आये और मुझे पाल लिया। वन्दना मुझे बहुत प्यार करती थी।

माधवी : एक ऊँचे बाप की बेटी में ऊँचे गुण तो होने ही चाहिए थे।

विनय : पर वन्दना भी दादू की अपनी बेटी नहीं थी।

माधवी : क्या कहते हैं आप?

विनय : हाँ, उसे भी कोई आदमी दादू को पालने के लिए दे गया था, उसके बाद फिर कभी नहीं आया। दादू ने हम दोनों के लिए अपने को झोंक दिया। वन्दना जब तक रही, सारे स्कूल में टॉप करती रही। दादू उसके जाने के बाद जैसे बिल्कुल टूट गये हों। मैंने पहली बार उन्हें वन्दना की मृत्यु पर फूट-फूटकर रोते हुए देखा था। उन्हें इस तरह रोते देख मैं भी उनसे लिपटकर खूब रोया था और...

माधवी : और?

विनय : उस वक्त अपनी मुट्ठी को कसकर बन्द करते हुए, मैंने उनसे कहा था–'मैं एक दिन जरूर डॉक्टर बनूँगा–उनकी किसी भी वन्दना को कभी मरने नहीं दूँगा'–और तब उन्होंने जोर से मुझे अपने गले से लगा लिया था।

माधवी : दादू सचमुच देवता हैं–उनके सम्पर्क से कोई भी पत्थर हीरा बन सकता है।

विनय : उनका कहना है–अपने दुःखों से दूसरों के दुःख कहीं अधिक महत्त्वपूर्ण होते हैं। राह में बिखरे दुःखों को बटोरना ही एक अद्‌भुत

सुख है, जिससे अपने दुःखों को भुलाया जा सकता है।

माधवी : दादू पूरे इन्सान हैं...

विनय : शायद मैं उनसे बहुत प्यार करता हूँ।

माधवी : सभी को उनसे प्यार करना ही चाहिए।

विनय : तुम भी जब यहाँ लायी गयी थीं, बचने की कोई आशा नहीं थी। परन्तु कोशिश मैंने बराबर जारी रखी और ईश्वर की कृपा से एक किनारा मेरे हाथ आ गया। फिर तुम बच गयीं। तुम्हें पहली बार देखने के बाद से ही मैंने हर हालत में तुम्हें बचा लेने का निश्चय कर लिया था—जिसका सबसे बड़ा कारण यह भी था कि तुम मुझे हू-ब-हू वन्दना जैसी ही महसूस हुईं, बेशक मैं अपनी इन कोशिशों में कामयाब हो सका हूँ—मगर इसमें तुम्हारी मदद की काफी जरूरत है।

माधवी : मेरी मदद?

विनय : हाँ, तुमने जो चाहा था, वह नहीं हो सका—शायद ईश्वर की यही इच्छा है—इसलिए तुम्हें जीवित रहना चाहिए। बोलो, क्या तुम मेरी मदद करोगी?

माधवी : हूँ।

विनय : थैंक्यू! थैंक्यू वेरी मच, माधवी! अब एक बात बताओगी, आदमी के पागल होने के क्या-क्या रीजन हो सकते हैं?

माधवी : अचानक कोई एक्सीडेंट या सदमा जैसा कोई भी रीजन हो सकता है, मगर तुम यह क्यों पूछ रहे हो?

विनय : बस, ऐसे ही।

माधवी : क्यों, तुम तो खुद एक डॉक्टर हो, इसके बारे में बेहतर जानते होगे।

विनय : हाँ, मगर यह हादसा एक डॉक्टर के साथ ही हो गया है।

माधवी : डॉक्टर के?

विनय : यानी मेरे...और मैं इस वक्त यह महसूस कर रहा हूँ कि आदमी कभी-कभी जरूर खुशी से भी पागल हो जाता है—लिहाजा मैं पागल हो गया हूँ—मैं पागल हो गया हूँ। **(चिल्लाता हुआ बाहर की ओर चला जाता है। माधवी मुसकराते हुए उसे देखती रहती है।)**

दृश्य : नौ

स्थान : डॉक्टर विनय का घर।

डॉक्टर विनय और मनु वार्तालाप कर रहे हैं और दोनों कहकहे लगाकर हँस रहे हैं।

विनय : और याद है स्कूल के उस नाटक में, जब तुम्हारी मूँछें उखड़ गयी थीं?

मनु : और हाँ, तुम्हारी दाढ़ी...

विनय : मैं बार-बार उसे रोकने की कोशिश कर रहा था, और संवाद बोलने में काफी मुश्किल हो रही थी।

मनु : शायद तभी तुमने गुस्से में दाढ़ी को उखाड़, सीधे दर्शकों पर फेंक दिया था और तुम्हारी इस जिन्दादिली को देख सारे हॉल के दर्शक हँसी से लोटपोट हो गये थे।

विनय : और तुमने भी तो अपनी मूँछें उखाड़कर जेब में रख ली थीं।

मनु : क्या करता, नहीं उखाड़ता तो थोड़ी देर में वे अपने आप उखड़ कर गिर जातीं, और हर आदमी के कदमों में रुँदतीं।

विनय : हाँ, पैरों में रौंदे जाने से तो कहीं अच्छा था तुमने जेब में रख लीं।

मनु : तो तुम्हारा मतलब है मैं अपने ही सामने, अपनी ही मूँछों को कदमों में रुँदते हुए देखता?

विनय : बिल्कुल नहीं।

मनु : जानते हो, लोग मूँछ के एक बाल के लिए सिर कटा देते थे?

विनय : बेशक, जबकि यहाँ तो मामला कम्प्लीट मूँछों का था—जीने-मरने का प्रश्न।

मनु : नेचुरली।

विनय : अच्छा...बाद में उन मूँछों का तुमने किया क्या?

मनु : जिसकी थीं, उसको दे दीं।

विनय : किसकी थीं?

मनु : श्रीमती बर्फीवाला की।

विनय : हँय, उनकी मूँछें?

मनु : हाँ यार—वही तो ड्रामा की इन्चार्ज थीं—भूल गये क्या?

विनय : **(जोर से हँसते हैं।)** ओह—हाँ। मैं कुछ और सोच गया।

मनु : क्या?

विनय : मिसेज बर्फीवाला...और...मूँछें! **(दोनों हँसतें हैं।)**

मनु : जानते हो जब मैंने वे मूँछें लौटायीं उन्हें तो क्या हुआ?

विनय : क्या?

मनु : उन्होंने बड़े अन्दाज से उन्हें अपनी हथेली पर रखा, कुछ देर गौर से देखा और जोर से मेरे मुँह पर उन्हें दे मारा। बोलीं—'नॉनसेन्स! यह मूँछें तुम्हें लगाने के लिए दी गयी थीं, कि जेब में रखने के लिए! बगैर मूँछों के भी कभी कोई बहादुर होता है क्या? सारे नाटक का बेड़ा गरक कर दिया। गैट आउट!' और मैं तो दबे पाँव खिसक लिया। तुमसे दाढ़ी तो नहीं माँगी उन्होंने?

विनय : माँगतीं कैसे—उनके सामने ही तो मैंने उसे उखाड़कर दर्शकों में फेंका था।

मनु : बेशक।

विनय : फिर वह तो खुद उस वक्त विंग में खड़ी जोर-जोर से अपना माथा पीट रही थीं।

मनु : वह तो पीटना ही था। उसके बाद?

विनय : उसके बाद वह मुझे कई रोज तक ढूँढ़ती रहीं—और मैं हर रोज उनके पीरियड में गोल होता रहा। एक दिन छुट्टी होने के बाद ग्राउण्ड में टकरा गयीं—कान से पकड़ लिया और हँसते हुए बोलीं—'यू नॉटी ब्वॉय! एक तो गलती करता है, फिर छिपता भी फिरता है। चलो, कल से पीरियड मिस नहीं करो।'...और बस बच गया।

मनु : शी वाज ए नाईस मैडम।

विनय : हाँ यार, गुस्सा करने की कोशिश तो बहुत करती थीं, मगर वह आता ही नहीं था।

मनु : क्या लाइफ थी वह भी—जो अच्छा लगे कर डालो—उनका मतलब ढूँढ़ना काम ऐल्डर्स का।

विनय : मेरे खयाल से वे हर शख्स की जिन्दगी के सबसे खूबसूरत दिन होते होंगे—उसके बाद तो आदमी ज्यों-ज्यों बड़ा होता जाता है, परिस्थितियाँ

उसे चारों ओर से घेरना शुरू कर देती हैं।

मनु : हाँ, यह बिल्कुल सच है।

विनय : अच्छा मनु, तू पहले से कुछ कमजोर नहीं हुआ? लगता है जैसे काफी टेंशन से गुजर रहा हो?

मनु : नहीं-नहीं, ऐसी तो कोई बात नहीं है।

विनय : अरे यार, साफ-साफ क्यों नहीं कहता, बी बोल्ड एनफ एण्ड से—यस। क्या शादी के बाद से भाभी ने काफी टाइट करके रखा है?

मनु : इसका जवाब तो मैं बाद में दूँगा। तू यह बता इतने दिन से तू घर क्यों नहीं आया?

विनय : क्या बताऊँ यार, कई बार कोशिश की—दादू को लिखा भी, मगर वह कहते हैं, अभी नयी-नयी नौकरी है—थोड़ा मेहनत से काम करूँ। चुप लगाना पड़ा। कभी-कभी तो मन करता—बस किसी तरह उड़कर घर पहुँच जाऊँ—दादू से मिलूँ—चला आऊँ। वैसे वह ठीक से तो रहते हैं ना, तू उनसे बराबर मिलता रहा कर, वह बड़े ही खामोश किस्म के आदमी हैं—अपनी बड़ी-से-बड़ी तकलीफ को भी कभी किसी पर जाहिर नहीं होने देते। मगर मैं उनके चेहरे को देखकर ही सब समझ जाता हूँ। बाकी तो सब ठीक है, दादू का खयाल आते ही डिस्टर्ब हो जाता हूँ।

मनु : नेचुरल है। वैसे मैं उनसे बराबर मिलता रहता हूँ, बल्कि उन्हीं के कहने से मैं यहाँ तेरे पास आया हूँ। सोचा, यहाँ के कुछ काम भी निबटा लूँगा और तुझसे मुलाकात भी हो जायेगी।

विनय : तू आ गया—बहुत ठीक रहा। बहुत दिनों से काफी अकेला महसूस कर रहा था। लगता था, जिन्दगी जैसे 'ऑपरेशन थियेटर' और इस कमरे के बीच सिमटकर रह गयी हो। तेरे आने से अब कुछ रिलैक्स महसूस कर रहा हूँ। **(टेलीफोन की घण्टी बजती है। फोन उठाता है।)** 'हाँ-हाँ, मैं ही बोल रहा हूँ। क्या कहा...एमरजेन्सी केस है, इमीजियेट ऑपरेशन होना है...ओ.के.। आप पेशेण्ट को ऑपरेशन थियेटर में पहुँचायें, मैं अभी आता हूँ। ओ. के.।' मनु, तुम थोड़ा आराम करो, मैं जल्दी ही फारिग होकर आता हूँ; तब बहुत-सी बातें करेंगे। **(माधवी प्रवेश करती है। मनु को नहीं देख पाती।)**

मनु : भैया, कल तुम्हें कोई ऑपरेशन नहीं करना है, मेरे...**(मनु पर अचानक दृष्टि जाती है, अवाक्-सी रह जाती है।)**

विनय : अरे माधवी, इनसे मिलो—ये हैं मेरे बचपन के बहुत ही जिगरी दोस्त—मनु। और मनु, ये हैं मेरी बहन माधवी। **(दोनों हैलो करते हैं।)** और बाकी की डिटेल बाद में। फिलहाल जरा जल्दी में हूँ। माधवी, मनु को जरा चाय वगैरह के लिए देख लेना, वैसे भी यह काफी शर्मीला आदमी है, कभी माँगेगा नहीं, मैं चलता हूँ।

(दोनों एक-दूसरे को देखते हैं, फिर कुछ समय तक मौन रहते हैं।)

मनु : कैसी हो?

माधवी : ठीक हूँ। तुम...?

मनु : मैं भी। कहाँ चली गयी थीं।

माधवी : जहाँ ठीक लगा।

मनु : मुझे बताना चाहिए था।

माधवी : जरूरत नहीं थी।

मनु : -क्यों?

माधवी : नहीं थी, इसलिए।

मनु : माधवी, ठीक से जवाब दो।

माधवी : क्या जवाब चाहिए?

मनु : यही कि पिताजी से मिलने के बाद तुम एकाएक कहाँ खो गयी थीं, मुझे बताना तो चाहिए था?

माधवी : बताने को उसके बाद क्या था।

मनु : क्यों?

माधवी : तुम्हें मालूम ही हो गया होगा।

मनु : मालूम...क्या...?

माधवी : पिताजी ने सब कुछ बता दिया होगा।

मनु : क्या बता दिया होगा?

माधवी : छोड़ो। तुम्हारी पत्नी कैसी है?

मनु : **(आश्चर्य से)** तुम्हें कैसे मालूम, मेरा विवाह हो गया है?

माधवी : क्यों? इतने सालों के रिश्ते का मालूम नहीं हो गया क्या? आप यदि विवाहित थे तो कम-से-कम मुझे तो बता देना चाहिए था?

मनु : विवाहित था! मैं कुछ समझा नहीं। साफ-साफ कहो। पिताजी ने तुम्हें क्या जवाब दिया था? उसके बाद तुम एक बार भी मुझसे क्यों नहीं

मिलीं?

माधवी : क्या मिलना था उसके बाद। एक विवाहित पुरुष के लिए दुबारा विवाह का प्रस्ताव लेकर उसके पिता के पास जाना क्या उचित था? क्या तुम्हें मेरे साथ यह सब करना चाहिए था?

मनु : विवाहित पुरुष के लिए दुबारा विवाह का प्रस्ताव...यह गलत है! मेरा इससे पूर्व कभी कोई विवाह नहीं हुआ, बल्कि तुम्हारे अचानक चले जाने के पश्चात् पिताजी ने मुझे बार-बार तुम्हें खोजने पर बाध्य किया और मैंने भी तुम्हें कहाँ-कहाँ नहीं ढूँढ़ा—मगर तुम नहीं मिलीं और मैं संस्कारों की बेड़ियों में जकड़ दिया गया।

माधवी : मगर पिताजी ने तो कहा था, तुम्हारा विवाह बचपन में ही हो चुका था।

मनु : क्या? उन्होंने ऐसा कहा तुमसे?

माधवी : हाँ! उनकी इस बात को सुनकर मेरे लिए एक पल भी वहाँ ठहरना कैसे सम्भव हो सकता था। उसके बाद तो कहीं भी खड़े रहने का सवाल ही पैदा नहीं होता था। इस असफल जीवन को लेकर जीना भी क्या था—जीवन को समाप्त कर डालने का ही निश्चय कर लिया। पर भाग्य को शायद यह मंजूर नहीं था। तभी अनायास अपने को इस अस्पताल में पाया और डॉक्टर विनय की अथक कोशिशों से मैं बच गयी।

मनु : ओफ...पिताजी ने यह कहा! उन्होंने यह बहुत ही भयानक खेल खेला है। तुम्हारे जाने के पश्चात् मुझे तुम्हारी खोज कर लाने का नाटक...फिर दूसरे विवाह के लिए मुझे बाध्य करने का नाटक...कितना घिनौना खेल कहा जा सकता है! मैं उन्हें इतना गिरा हुआ नहीं समझता था। इसके लिए मैं उन्हें कभी क्षमा नहीं कर सकता, कभी नहीं। उनके इस प्रश्न का उत्तर मैं अब उन्हें अवश्य दूँगा, क्योंकि तुम मुझे मिल गयी हो। एक तीर से दो निशाने...सुनो, माधवी...वास्तव में मेरी पत्नी तुम ही हो...मैं अब तुम्हारे साथ ही रहूँगा।

माधवी : क्या...मेरे साथ...?

मनु : हाँ।

माधवी : परन्तु तुम्हारी अपनी पत्नी...?

मनु : उसे मुझ पर थोपा गया है!

माधवी : नहीं-नहीं, ऐसा नहीं कहते। छोड़ो, जो हो गया।

मनु : नहीं, यह नहीं होगा।

माधवी : तब क्या फिर विवाह करोगे?

मनु : नहीं।

माधवी : तो?

मनु : अपनी पहली पत्नी के साथ रहूँगा।

माधवी : मनु।

मनु : हाँ।

माधवी : नहीं।

मनु : क्यों?

माधवी : दूसरी का दोष?

मनु : पहली का अपराध?

माधवी : वह व्यक्तिगत निर्णय था।

मनु : विवाह एक व्यक्तिगत सम्बन्ध नहीं है क्या?

माधवी : है, जिसे समाज भी मानता हो।

मनु : मगर सच क्या है?

माधवी : वही, जिसे समाज मानता हो।

मनु : नहीं-नहीं, सच सच है।

माधवी : वह मानने वाला सच नहीं है, केवल कहनेवाला है।

मनु : ओह माधवी, क्या यह सत्य नहीं कि तुम मेरी पत्नी हो?

माधवी : क्या प्रमाण है तुम्हारे पास?

मनु : ईश्वर साक्षी है—वह मूर्ति, तुम और मैं।

माधवी : मूर्ति पत्थर की थी...। अर्थात् साक्षी नहीं कही जा सकती। बिना ठोस प्रमाण के तुम और मैं अपराधी...।

मनु : माधवी, क्यों तर्क-वितर्कों में घसीटती हो? सत्य को तुम जानती हो।

माधवी : नहीं, क्योंकि वह सत्य होकर भी अब सत्य नहीं रहा।

मनु : माधवी...

माधवी : हाँ, जो सब कहते हैं—वही कहना होगा।

मनु : मैं ऐसा नहीं होने दूँगा।

माधवी : क्या करोगे?

मनु : तुम्हारे साथ रहकर सत्य को प्रमाणित ।

माधवी : जानते हो, तुम क्या कह रहे हो?

मनु : हाँ।

माधवी : नहीं, तुम भावुक हो गये हो।

मनु : वह मैं कब नहीं था!

माधवी : परन्तु अब यह सम्भव नहीं।

मनु : क्यों नहीं है?

माधवी : सब कुछ बिखर चुका है।

मनु : तो क्या, मैं भी तो बिखरा हूँ।

माधवी : नहीं, केवल मैं...

मनु : केवल तुम।

माधवी : हाँ, स्त्री-पुरुष के इन सम्बन्धों में प्रायः स्त्री को ही पिस जाना होता है। तुम पुरुष हो, चल सकते हो।

मनु : और तुम?

माधवी : जब तक घसीटा जायेगा, घिसटने की कोशिश करूँगी। मगर तुम्हें चलना है।

मनु : यदि मैं भी न चलूँ तो?

माधवी : नहीं-नहीं, ऐसा मत कहो।

मनु : तब क्या कहूँ?

माधवी : स्थिति को समझो—तुम्हारी पत्नी है, घर है।

मनु : और तुम मेरी कौन हो?

माधवी : मैं...मैं...कोई भी नहीं।

मनु : हूँ...क्या विडम्बना है! जो मेरा है, वह मेरा नहीं। जो नहीं है, वह मेरा...

माधवी : यही होता है यहाँ।

मनु : मैं यह नहीं होने दूँगा।

माधवी : क्या करोगे?

मनु : बस, जीऊँगा।

माधवी : जीओ, कौन मना करता है!

मनु : जो केवल तुम्हारे साथ ही सम्भव है।

माधवी : मेरे साथ?

मनु : हाँ, क्योंकि तुमसे अलग मैं मात्र कर्तव्यों को निभाता रहा हूँ, जिया नहीं हूँ।

माधवी : तुम्हें निभाने चाहिए।

मनु : जरूर निभाऊँगा।

माधवी : क्या मेरे साथ ही वह सम्भव है?

मनु : हाँ।

माधवी : मैं 'न' कह दूँ तो?

मनु : टूटा हूँ, टूटता रहूँगा। एक दिन ढेर हो जाऊँगा—बस।

माधवी : नहीं-नहीं, ऐसा मत कहो। मुझे तकलीफ होती है बहुत। देखो मनु, जरा सोचो—लोग क्या कहेंगे?

मनु : वह सब तुम्हें ईश्वर को साक्षी मानते वक्त सोचना चाहिए था।

माधवी : ईश्वर तो अवश्य साक्षी है।

मनु : तब लोग क्यों नहीं सोचते?

माधवी : वह बात दूसरी है।

मनु : तब ईश्वर नहीं है।

माधवी : म...नु...!

मनु : हाँ-हाँ, वही ईश्वर है, जिसे लोग मानते हैं—बाकी का सब झूठ।

माधवी : ऐसा नहीं कहते हैं।

मनु : जो भोगा है, कह रहा हूँ।

माधवी : लोग स्पष्टीकरण माँगेंगे, मनु...

मनु : काहे का?

माधवी : तुम्हारा मेरे साथ रहने का।

मनु : हम पति-पत्नी हैं।

माधवी : मगर कौन मानेगा इसे?

मनु : मैं और तुम तो मानते हैं।

माधवी : इससे क्या?

मनु : बस, बहुत है।

माधवी : व्यक्ति के स्वयं के निर्णय समाज पर लागू नहीं होते।

मनु : न हों।

माधवी : लोग हमें अवैध पति-पत्नी समझेंगे।

मनु : लोग क्या समझेंगे, क्या नहीं...यह मत सोचो। सच क्या है, वह कहो। क्या सही मायनों में हम पति-पत्नी नहीं हैं?

माधवी : **(चुप रहती है। आँसू छलक पड़ते हैं।)**

मनु : इन आँसुओं से तुम सच को धोने की कितनी भी कोशिश करो, मगर वह और भी धुलकर सामने ही खड़ा रहेगा। जवाब दो। एक बार तो सच कह दो। हम दोनों वास्तव में कौन हैं?

माधवी : **(फूट पड़ती है।)** हाँ-हाँ-हाँ...यही सच है।

मनु : तब संकोच कैसा? संस्कारों का एक मुखिया बाप का मुखौटा लगाकर आया तुम्हारे सामने, तुम्हारे आदमी को छीनकर ले गया। तुम डरकर भाग गयीं आत्महत्या करने—क्यों? मैं पूछता हूँ कब तक तुम भागती रहोगी? क्या औरत के लिए उसका आदमी कुछ भी नहीं होता? सिर्फ एक मिट्टी का खिलौना...तुम औरत नहीं—कायरता हो। एक ऐसा डर जो अपने ही साये से डरता रहता है। मगर मैं तुम्हें यह भूल अब कदापि नहीं करने दूँगा। मैं संस्कारों के बीच से तुम्हें घसीट अवश्य बाहर लाकर रहूँगा और तुम्हारे साथ-साथ उस नकली मुखौटे को भी सबके सामने उघाड़ कर रख दूँगा जिसने तुम्हें उछालने का महापाप किया है।

माधवी : तुम बहुत उत्तेजित हो गये हो। यह तुम्हें क्या हो गया है—तुम तो पहले कभी इतनी। गुस्सा नहीं करते थे।

मनु : हाँ, जब कोई टूटता है—इसी तरह छटपटाया करता है। बोलो, क्या तुम मेरे साथ रहोगी? मुझे तुम्हारा दो टूक जवाब चाहिए।

माधवी : **(चुप रहती है।)**

मनु : जवाब दो! तुम मुझे चाहती हो या समाज के इन खोखले आडम्बरों को? इन दोनों में से केवल एक ही सम्भव है।

माधवी : नहीं-नहीं, ऐसा मत कहो। तुम्हारे बगैर तो मेरे लिए कुछ भी नहीं। बोलो, क्या चाहते हो?

मनु : मुझे माधवी चाहिए।

माधवी : तो ठीक है—मैं इस लांछन की चादर को अपने ऊपर ओढ़ लूँगी... तुम जो कहोगे करूँगी। क्या हो गये हो तुम...इतना क्रोध...कितना पसीना है! **(आँचल से पोंछती है।)** यहाँ बैठो, म...नु!

(माधवी अपने सिर को उसकी गोद में रख देती है। मनु उसके सिर पर हाथ फेरता है।)

दृश्य : दस

स्थान : ब्रह्मदेव का घर

ब्रह्मदेव एक पत्र पढ़ रहा है।

ब्रह्मदेव : ''पिताजी, आपको यह जानकर आश्चर्य होगा कि माधवी मुझे मिल गयी है। उसके साथ जो भी हुआ है, वह सब भी मुझे मालूम हो चुका है। अतः मैंने यह निश्चय किया है कि मैं माधवी के साथ ही रहूँ, इसलिए वह घर छोड़ रहा हूँ—मनु...!'' **(कुछ पल के लिए आश्चर्य के भाव उभरते हैं। फिर स्वयं बड़बड़ाने लगता है।)** हूँ, घर छोड़ रहा है। घर छोड़ देना इतना आसान है क्या? फिर जिस पत्नी को सबके सामने सात फेरे लेकर स्वीकार किया है, उसे छोड़ देना इतना सहज है क्या? हूँ, माधवी के साथ रहेगा। कैसे रह सकता है उसके साथ, किसी स्त्री से विवाह कर उसे छोड़ दूसरी के साथ रहना मजाक है क्या? यह एक अपराध है—गैरकानूनी। माधवी समझती है—वह अपनी इस चाल में शायद कामयाब हो जायेगी। मगर मेरे होते यह कभी सम्भव नहीं हो सकता। हूँ, मैंने इस जीवन में सैकड़ों उतार-चढ़ाव देखे हैं—उसकी तो बिसात क्या है? मैं उस पर केस कर दूँगा—सीधा अदालत में घसीट लाऊँगा। फिर मनु के साथ मैंने क्या बुरा किया है—अपने परिवार को बचाया है। परिवार को बचाना बुरा होता है क्या? कौन नहीं बचाता? सब बचाते हैं। क्या मैं एक सड़क चलती लड़की को अपने घर की बहू बना लेता, जिसका कोई पता-ठिकाना ही नहीं? एक घर होता है—इसमें हर चलता-फिरता आदमी प्रवेश नहीं कर सकता। मैंने जो कुछ भी किया वह इस घर के लिए अनिवार्य था। आखिर इस विवाह में दोष क्या है? क्या कुछ नहीं मिला—धन-दौलत, रुपया-पैसा, अच्छी लड़की, अच्छा परिवार। लड़की वालों से जो माँगा, उसने वही दिया—जरा भी तो उफ नहीं की। आज भी

एक आवाज लगाता हूँ—एक खरीदे हुए गुलाम ही तरह दौड़ा हुआ आता है। हुँ! मैंने अच्छा नहीं किया, घर छोड़ देगा। कैसे छोड़ देगा घर! मैं देखता हूँ—कैसे छोड़ता है। वह कैसे उसे अपने पास रख सकती है! **(छड़ी उठाकर बाहर जाने की तैयारी करने लगता है।)**

दृश्य : ग्यारह

स्थान : ब्रह्मदेव का घर।

माधवी और रंजना दोनों वार्तालाप कर रही हैं।

माधवी : तो यही है वह सब, जो मेरे साथ हो गया है।

रंजना : बहुत ही बुरा हुआ है, पिताजी को ऐसा नहीं करना चाहिए था।

माधवी : हाँ, तभी मैं आपसे मिलकर आपको सभी कुछ बता देना चाहती थी, जिससे आप मेरे विषय में गलत न सोचें।

रंजना : आपने यह बहुत ही अच्छा किया है।

माधवी : इन सब बातों के बावजूद आप चिन्ता न करें, वे आप ही के हैं।

रंजना : नहीं, वास्तविक अधिकार तो तुम्हारा ही है उन पर।

माधवी : आप उनकी पत्नी हैं।

रंजना : मैं पत्नी हूँ तो आप कौन हैं?

माधवी : मैं...मैं तो कोई नहीं।

रंजना : नहीं, वास्तव में मैं उनकी कोई नहीं हूँ—मुझे उन पर लादा गया है।

माधवी : नहीं...नहीं, ऐसा मत कहिये।

रंजना : क्यों, क्या यह सत्य नहीं है? मुझे उठाकर दो ऐसे लोगों के बीच नहीं फेंक दिया गया जो सच्चे मन से एक-दूसरे के थे।

माधवी : आपने जानकर तो ऐसा नहीं किया।

रंजना : काश, मैं जान पाती, बहन! सचमुच मेरे साथ बहुत बड़ा धोखा हो गया है—चक्की के दो पाटों में मैं पिसकर रह गयी।

माधवी : यह क्या कह रही हैं आप?

रंजना : हाँ, विवाह दो मनों का बन्धन है, और कुछ भी नहीं। और प्यार मन

की चीज है। फिर न तो वह मेरे थे, न उन्हें रहना ही चाहिए।

माधवी : परन्तु कानून और धर्म के अनुसार वह आपके ही हैं।

रंजना : हूँ...कानून...धर्म! जो आदमी को कभी भी अन्दर से न देख पायें—सिर्फ बाहरी तथ्यों को खोजते रहें, जबकि आदमी अन्दर होता है। पति-पत्नी के सम्बन्ध भी अन्दर की भावनाएँ हैं जिन्हें कभी लादा नहीं जा सकता। मैं उनकी कानूनी पत्नी अवश्य हूँ, परन्तु वास्तविक पत्नी तो नहीं।

माधवी : क्या...?

रंजना : हाँ...वास्तविक पत्नी होती तो वह मेरे पास ही रहते, तुम्हारे पास कभी न जाते। तुम चिन्ता मत करो। जो हो गया है, उसका मुझे बहुत दुःख है। मगर अब आगे कुछ भी नहीं होगा—तुम निश्चिन्त रहो।

माधवी : नहीं...नहीं, मैं यह सब नहीं होने दूँगी...मैं उनके कदमों में गिर जाऊँगी, गिड़गिड़ाकर भीख माँगूँगी, आप सचमुच में देवी हैं—मैं हमेशा आपके चरणों में पड़ी अपना सारा जीवन गुजार दूँगी। सच जानिये, मेरा इस संसार में अब कोई नहीं।

रंजना : कैसी बातें करती हो, मैं जो तुम्हारी हूँ। क्या हुआ, हमने एक माँ की कोख से जन्म नहीं लिया तो—क्या अपने प्रेम के बल पर हम एक ही माँ की दो बहनें नहीं हो सकतीं?

माधवी : बस—अब बस कीजिए। **(पैरों में गिरते हुए)** मैं आपके पैरों की धूल भी नहीं हूँ। कितनी ऊँची हैं आप! पूरे अधिकार होने पर भी आप परिस्थिति को कितनी गम्भीरता से समझ रही हैं। यह कितना बड़ा महादान है! शायद कोई भी विवाहित स्त्री कभी इस तरह नहीं सोच पाती—कानून और अधिकारों का सहारा ले वह अवश्य ही कहीं भी टूट पड़ती। आप...आप...

रंजना : कुछ नहीं, तुम बहुत भावुक हो। निश्चिन्त रहो, सब ठीक हो जायेगा। अब तुम्हें जल्दी ही यहाँ से चले जाना चाहिए, पिताजी किसी भी समय आ सकते हैं और उनका तुम्हें यहाँ देख लेना उत्तेजना का कारण बन सकता है।

(माधवी सिसकती हुई कमरे से बाहर जाती है। उसी समय ब्रह्मदेव प्रवेश करता है।)

ब्रह्मदेव : माधवी आयी थी?

रंजना : हाँ।

ब्रह्मदेव : क्यों?

रंजना : मुझसे मिलने।

ब्रह्मदेव : क्या कहा उसने? जरूर कुछ उल्टा-सीधा कहा होगा। तुम्हें उससे नहीं मिलना चाहिए था, वह बहुत चालाक औरत है। मनु को उसने पूरी तरह से गुमराह कर दिया है। मगर मैं उसकी किसी भी चाल को हरगिज कामयाब नहीं होने दूँगा। मैं वकील से बात कर आया हूँ, आज ही तुम्हारी तरफ से अदालत में दावा डलवा देता हूँ। दोनों के होश ठिकाने आ जायेंगे। और देखो बहू, भविष्य में वह कभी यहाँ नहीं आनी चाहिए...उसे जो कुछ भी बात करनी हो, सीधे अदालत से करे।

रंजना : मगर मैं यह केस नहीं करना चाहती।

ब्रह्मदेव : क्या, तुम केस नहीं करना चाहतीं।

रंजना : उन्होंने जो कुछ किया है, वह उचित है।

ब्रह्मदेव : क्या कहती हो? वह एक ब्याहता स्त्री को छोड़, दूसरी के साथ घर बसाकर बैठ गया है, तुम कहती हो—वह उचित है!

रंजना : वह अपनी वास्तविक पत्नी के पास चले गये हैं—इसमें हानि क्या है?

ब्रह्मदेव : ब...हू...!

रंजना : मुझे सब कुछ मालूम हो चुका है कि उन्होंने कब, कहाँ, कैसे विवाह किया था और यह भी कि आपने किस तरह सबका विरोध कर उनका मुझसे कर दिया।

ब्रह्मदेव : कर दिया तो क्या बुरा किया—दो अच्छे परिवारों को एक साथ मिला दिया।

रंजना : नहीं, आपने अपनी दौलत की भूख को शान्त करने के लिए ही यह भयानक नाटक खेला है और इस खेल में अपने ही बेटे की आत्मा का गला दबा दिया है। आप लालची हैं!

ब्रह्मदेव : चु...प र...हो!

रंजना : अब चुप रहकर होगा भी क्या? तीन व्यक्तियों के जीवन को नष्ट करने के पश्चात् भी आप चाहते हैं कि मैं चुप रहूँ! क्यों चुप रहूँ मैं? फिर आप अपने बेटे के साथ कुछ भी खेल खेलते, मगर मेरे साथ यह सब क्यों किया? क्या दोष था मेरा? बताइये! और अब आप चाहते हैं—मैं दावा कर दूँ क्योंकि मैं एक कानूनी पत्नी हूँ। मगर कानून पति-पत्नी के रिश्तों को कदापि जोड़-तोड़ नहीं सकता...यह रिश्ते

आदमी के अन्दर पलते हैं, जिन्हें बाहर की कोई भी शक्ति जोड़ या तोड़ नहीं सकती। क्योंकि मैं एक कानूनी पत्नी हूँ, इसलिए मुझे अधिकार है कानून के द्वार को खटखटाने का...मगर एक कानूनी पत्नी के अलावा तो मैं और कुछ भी नहीं हूँ—क्या यह जानते हैं आप?

ब्रह्मदेव : ब...हू...!

रंजना : हाँ-हाँ...आप नहीं जानते, जब से मैंने कानूनी पत्नी के इस लिबास को पहना है, उस आदमी ने एक बार भी मेरी तरफ नजर उठाकर नहीं देखा, जो मेरा पति है। क्या मैं सिर्फ कानून की पत्नी थी, उसकी पत्नी नहीं थी?

ब्रह्मदेव : यह सब तुमने मुझे कभी नहीं बताया।

रंजना : पति-पत्नी के सम्बन्ध हमेशा ही व्यक्तिगत होते हैं, उन्हें किसी और को बताने के बजाय स्वयं दोनों को ही भोगने होते हैं। आप मुझे उकसाकर उन पर दावा करवाना चाहते हैं, मगर यह क्यों भूल रहे हैं आप, मेरे इस भयानक खेल से आपको भी उघाड़ा जा सकता है।

ब्रह्मदेव : मैंने ऐसा कोई खेल नहीं खेला, जिससे मुझे उघाड़ा जा सके।

रंजना : आपने सिर्फ खेला ही नहीं है, आगे भी खेलना चाहते हैं, जिससे दो स्त्रियों को एक ही कठघरे में खड़ा कर आप जमाने को यह दिखा सकें कि एक कानूनी ब्याहता पत्नी पर एक गैरकानूनी पत्नी ने कितना बड़ा जुल्म कर डाला। उस जुल्म का उसे कठोर से कठोर दण्ड मिल सके...वह टूट-टूटकर बिखर जाये...आप अपनी मर्यादा को कायम रख सकें...एक स्त्री के द्वारा दूसरी स्त्री की हत्या। आपका विजयी होना क्या एक भयानक खेल नहीं है यह?

ब्रह्मदेव : ठीक है, अगर तुम ऐसा समझती हो तो मैं तुम्हें विवश नहीं करूँगा।

रंजना : हाँ-हाँ, मैं ऐसा हरगिज नहीं करूँगी...क्योंकि वह भी एक औरत है, बिल्कुल मेरी तरह। उसने कभी कल्पना की होगी एक सुन्दर-से संसार को बसाने की...एक व्यक्ति को जीवन साथी मानकर पूजने की... मगर एक व्यक्ति बाप का चेहरा लगाकर आया और उसके इस सोने के संसार में आग लगाकर चलता बना। आप बाप नहीं हैं—एक ऐसे व्यापारी हैं जो बच्चों को उठाता है, कुछ दिन पालता है, फिर बाजार में बेच डालता है! इन्सान का इन्सान को बेचना...एक सबसे घिनौना भयंकर अपराध है जो आपने किया है।

ब्रह्मदेव : बहू...तुम हद से आगे बढ़ रही हो।

रंजना : हूँ...मेरी हद...बताइये, कहाँ है मेरी हद? कहाँ है मेरा घर? कहाँ है मेरा आदमी? एक औरत को आपने पहले काट दिया। दूसरी का अब गला दबा देना चाहते हैं। हम औरत क्या केवल भेड़-बकरियाँ हैं, जिन्हें जब चाहा, जैसा चाहा, काट दिया। दो औरतों की लड़ाई—दोनों में से एक की मौत आवश्यक। रोम के राजाओं का मनोरंजन... गलेडियटरों की लड़ाई...मगर ऐसा नहीं होगा। कदापि नहीं होगा। यह दावा मैं माधवी पर नहीं बल्कि आप पर करने जा रही हूँ। आपने मेरे माँ-बाप के साथ जबरदस्त धोखा किया है। आपने अपने विवाहित बेटे का दूसरा विवाह कर उन्हें ब्लैकमेल किया है। जवाब दीजिए, क्यों किया आपने ऐसा? आपको दौलत चाहिए थी न...तो लीजिए, जितनी दौलत चाहिए, ले जाइये। **(जेवर उतारकर फेंकने लगती है।)** लीजिए...और लीजिए...मगर मेरा आदमी तो मुझे लाकर दीजिए। देख रहे हैं आप, मैं सोने-चाँदी से लदी दुल्हन, जिसका आदमी ही नहीं। क्या मैं शो-केस में सजाकर रखने वाली एक गुड़िया हूँ, और कुछ भी नहीं हूँ।...बताइये, मैं वह नहीं हूँ तो और कौन हूँ...और कौन हूँ मैं...**(फूट पड़ती है। ब्रह्मदेव आश्चर्य से देखता रहता है।)**

दृश्य : बारह

स्थान : डॉक्टर विनय का घर।

विनय कुर्सी पर उदास बैठा है। उसी के सामने मनु भी एक कुर्सी पर बैठा है।

मनु : आज बहुत उदास हो। कोई खास बात हो गयी है क्या?

विनय : नहीं मनु, खास तो नहीं—पर कभी-कभी बड़ा अजीब-सा महसूस होने लगता है।

मनु : कभी-कभी...

विनय : हाँ, जब कोई मरीज मेरे सामने दम तोड़ देता है।

मनु : ओह, क्या कोई...

विनय : हाँ, आज अपनी हजार कोशिशों के बावजूद मैं एक मरीज को नहीं बचा सका।

मनु : वेरी सैड।

विनय : दम तोड़ने से पहले वह मेरी तरफ इस तरह देख रहा था जैसे मैं कोई ऐसी शक्ति हूँ, जो उसे बचा सकता है। मगर मैं तो कुछ भी नहीं हूँ।

मनु : एक मरीज के लिए डॉक्टर उसकी सबसे बड़ी उम्मीद होता है।

विनय : तो फिर वह उसे दम क्यों तोड़ने देता है? बचा क्यों नहीं लेता?

मनु : येस, यू आर राइट। तुम बेशक एक बहुत अच्छे डॉक्टर हो—मुझे खुशी है। नाऊ, प्लीज रिलैक्स।

विनय : ओह, आई एम सॉरी। अरे, हाँ—तुम तो आज मेरे साथ चल रहे हो न। आज मैं तुम्हें कुछ ऐसे मरीजों से मिलावाऊँगा जिनके लिए मौत एकदम दरवाजे पर खड़ी है, मगर फिर भी वे मुसकराते नजर आयेंगे।

मनु : अच्छा, वेरी स्ट्रांग।

विनय : हाँ, तुमने चाय वगैरह...

मनु : बस आ रही है।

विनय : चलो, तो फिर जल्दी चलते हैं।

मनु : यार, तुमसे एक बात पूछनी है।

विनय : पूछो।

मनु : दो व्यक्ति ईश्वर को साक्षी मान अपनी इच्छा से यदि विवाह कर लें तो वह जायज है या नाजायज?

विनय : एकदम जायज!

मनु : मगर किन्हीं अन्धविश्वासों और झूठी परम्पराओं के रोग से ग्रस्त उस लड़के का पिता छल और फरेब से उसका विवाह किसी अन्य लड़की से दोबारा कर दे तो?

विनय : हैं! यह तो सरासर ज्यादती है।

मनु : परन्तु ऐसा हो जाता है। अब समस्या यह है कि उन दोनों स्त्रियों में कौन-सी उसकी पत्नी हो सकती है?

विनय : यह वाकई में बहुत ही पेचीदा सवाल है, भाई! वास्तव में तो उस शख्स की पत्नी पहली स्त्री को ही कहा जाना चाहिए, क्योंकि एक तो वे दोनों एक-दूसरे को पसन्द करते थे, फिर दोनों का विवाह भी दूसरी स्त्री से पहले हुआ...मगर कानून और समाज की दृष्टि से दूसरी को ही पत्नी माना जायेगा।

मनु : उन दोनों में गलती किसकी मानी जा सकती है?

विनय : किसी की भी नहीं। वास्तव में यह गलती उस बाप की कही जा सकती है, जिसने इनकी जिन्दगियों को एक समस्या के चौराहे पर लाकर खड़ा कर दिया।

मनु : मगर भोगना तो उन तीनों को ही होगा।

विनय : बेशक।

मनु : अब उस व्यक्ति को कौन-सी स्त्री के साथ रहना चाहिए?

विनय : **(सोचता है।)** हूँ...मेरे खयाल से तो ऐसे हालातों में उसे दोनों को ही साथ लेकर चल देना चाहिए। मगर प्रश्न उठता है—वे दोनों स्त्रियाँ इस बात को मान लें तो!

मनु : क्या समाज इस बात को मान्यता देता है?

विनय : शायद नहीं।

मनु : तो?

विनय : उसे इसकी चिन्ता नहीं करनी चाहिए। इन्सान की जिन्दगी से बड़ा कुछ भी नहीं है। उसे अगर किसी तरह बचाया जा सके तो दुनिया के किसी भी नियम को तोड़ देना चाहिए।

मनु : **(आश्चर्य से)** वि...न...य!

विनय : क्यों, गलत कह गया क्या? यूँ हैरानी से क्या देख रहे हो?

मनु : देख रहा हूँ–क्या तुम चीराफाड़ी करने वाले सिर्फ एक डॉक्टर ही हो या तुम्हारे सीने में भी एक दिल धड़कता है?

विनय : याद रखो दोस्त, कोई भी डॉक्टर किसी मरीज के मांस को कहीं से भी काटता होगा, जरूर वह मांस उसे अपने ही शरीर से कटता महसूस होता होगा। जब भी एक मरीज मरता होगा, एक डॉक्टर भी जरूर मर जाता होगा। एक मौत ही जब इतनी तकलीफदेह होती है तो दूसरी मौत को देखना कितना मुश्किल होता होगा। मगर एक डॉक्टर को अपने चारों ओर से आ रही इस चीख-पुकार के बीच फिर भी खड़े रहना ही होता है।

मनु : हाँ, बिल्कुल ठीक कहते हो।

विनय : हूँ, मौत के घेरों में जिन्दगी ढूँढ़ने का खेल...

मनु : बेशक, तुम इन दोनों को ही करीब से देख पाते हो।

विनय : खैर, छोड़ो यह सब–तुम जिस प्रॉब्लम के बाबत बात कर रहे हो, वह प्रॉब्लम है किसकी?

मनु : मेरी।

विनय : क्या?

मनु : हाँ, माधवी मेरी पहली पत्नी है। हम दोनों में ईश्वर को साक्षी मान कुछ समय पहले विवाह किया था।

विनय : माधवी...तुम्हारी पत्नी! कितनी विचित्र बात है यह?

मनु : हाँ, विचित्र!

विनय : हाँ, माधवी का यहाँ आना, मेरा उसे बचा पाना, फिर तुम्हारा यहाँ आना...इन तमाम बातों को एक साथ देखकर मानना ही होगा... इन्सान से बड़ी भी कोई शक्ति जरूर है। माधवी यदि ठीक समय पर यहाँ न लायी जाती तो शायद वह कभी तुम्हें नहीं मिल पाती।

मनु : क्या?

विनय : जो कुछ उसने सहा है, बयान नहीं किया जा सकता। यह सब बहुत

ही दुर्भाग्यपूर्ण है। फिर अभी भी वह पूर्णतया ठीक नहीं है। मस्तिष्क पर कोई बहुत ही गहरा आघात पहुँचा है। वह यदि अधिक सोचती है तो हो सकता है कि उसके होने वाले बच्चे पर कोई असर पड़े।

मनु : क्या, बच्चा...?

विनय : हाँ, माधवी माँ बनने वाली है।

मनु : माँ, इतना कुछ सहने के बाद आगे भी वह सभी कुछ अकेली सह जाना चाहती है। औरत को समझ पाना कितना मुश्किल है–शायद बहुत मुश्किल। सुनो विनय, मैंने निश्चय किया है–मैं अब माधवी के साथ ही रहूँगा।

विनय : और तुम्हारी दूसरी पत्नी?

मनु : एक कर्त्तव्य मान उसे भी अवश्य निभाऊँगा–फिलहाल तो माधवी को जल्द-से-जल्द यहाँ से कहीं दूर ले जाना चाहता हूँ।

विनय : मगर माधवी का एकदम यहाँ से जाना ठीक नहीं।

मनु : क्यों?

विनय : क्योंकि बच्चे के जन्म के समय शायद ऑपरेशन की जरूरत पड़े। अगर तुम उचित समझते हो तो तब तक यहाँ रह सकते हो, ऑपरेशन के बाद मैं तुम्हें मजबूर नहीं करूँगा। **(माधवी चाय लेकर आती है।)**

माधवी : अरे विनय भैया, तुम?

विनय : हाँ, मनु को ले जाने के लिए आना पड़ा। सुनो माधवी मैं एक गम्भीर समस्या में उलझ गया हूँ।

माधवी : समस्या...

विनय : हाँ, और वह तुमसे-मुझसे ही ताल्लुक रखती है।

माधवी : तुमसे-मुझसे! क्या समस्या है?

विनय : जब से मुझे यह मालूम हुआ है कि तुम मनु की पत्नी हो, तब से मैं यही सोच रहा हूँ–तुम्हें क्या कहकर पुकारूँ?

माधवी : वि...न...य...भै...या...

विनय : शायद यही शब्द तुम्हारे मुँह से ज्यादा अच्छा लगता है। मैं इसी रिश्ते को ज्यादा पसन्द भी करता हूँ। लो, अपने आप सुलझ गयी समस्या–देखा मनु, कुछ रिश्ते इतने पॉवरफुल होते हैं कि दुनिया के सब रिश्तों को शिकस्त दे देते हैं यानी मेरी-तुम्हारी वर्षों की दोस्ती

दो मिनट में पीछे और यह आज की...

माधवी : **(मुँह पर हाथ रखते हुए)** मैं देख रही हूँ, आजकल आप कुछ ज्यादा ही बोलने लगे हैं। मनु, जरा पकड़ो तो इनके हाथ—मैं जरा इनके मुँह पर टेप लगा देती हूँ।

मनु : रहने दो, माधवी, यह मेरे साथ हास्पिटल जा रहा है। एक-दो सीरियल मरीजों को देखेगा, अपने आप जबान पर टेप लग जायेगा। चलो अब जल्दी से।

(सब हँसते हैं। मनु और विनय बाहर की ओर जाते हैं। माधवी एक पल दोनों को जाते देखती हैं, मुसकराती है, फिर एक पुस्तक पढ़ने लगती है। उसी समय ब्रह्मदेव प्रवेश करता है। कालबेल बजाता है। माधवी जैसे ही दरवाजे की ओर देखती है, अवाक् रह जाती है।)

माधवी : आ...प...?

ब्रह्मदेव : हाँ।

माधवी : आइये-आइये।

(ब्रह्मदेव प्रवेश करता है, सोफे पर बैठ जाता है।)

ब्रह्मदेव : पहचानती हो मुझे?

माधवी : एक भिखारी दाता को नहीं पहचानेगा? कहिये!

ब्रह्मदेव : मनु कहाँ है?

माधवी : वह इस समय बाहर गये हैं।

ब्रह्मदेव : वह घर छोड़ आया है।

माधवी : मुझे मालूम है।

ब्रह्मदेव : वह तुम्हारे साथ रह रहा है।

माधवी : यह भी मालूम है।

ब्रह्मदेव : क्या तुम्हें यह भी मालूम है कि उसका यहाँ रहना उचित है या अनुचित?

माधवी : मैं 'ना' कह दूँ तो?

ब्रह्मदेव : तब मुझे बताना होगा।

माधवी : बता दीजिए!

ब्रह्मदेव : अनुचित।

माधवी : यह उनका निर्णय है।

ब्रह्मदेव : वह भी अनुचित है।

माधवी : आपने उनसे पूछा है?

ब्रह्मदेव : आवश्यकता नहीं समझता।

माधवी : क्यों?

ब्रह्मदेव : क्योंकि वह नादान है।

माधवी : आपका बेटा है, इसलिए?

ब्रह्मदेव : नहीं।

माधवी : तो?

ब्रह्मदेव : नादान कोई भी हो सकता है।

माधवी : मैं कौन हूँ आपकी?

ब्रह्मदेव : **(चुप रहता है।)**

माधवी : यदि आपकी बेटी होती तो क्या आप ऐसा कहते?

ब्रह्मदेव : मैं उसे लेने आया हूँ।

माधवी : अवश्य ले जाइये।

ब्रह्मदेव : इसमें तुम्हारी सहायता चाहिए।

माधवी : मेरी सहायता तो नहीं की थी आपने!

ब्रह्मदेव : वह सम्भव नहीं था।

माधवी : मैं आज कह दूँ कि यह सम्भव नहीं, तो?

ब्रह्मदेव : यह अनुचित होगा।

माधवी : हाँ, आपका मुझसे झूठ बोलना, छल करना सम्भवतः अनुचित नहीं था?

ब्रह्मदेव : जो मुझे उचित लगा, मैंने किया। फिर अब मनु विवाहित है।

माधवी : वह सब मैं जानती हूँ।

ब्रह्मदेव : उसके पारिवारिक जीवन में हस्तक्षेप...उसे घर से अलग कर देना... कितना गलत हो सकता है—क्या तुम यह भी जानती हो?

माधवी : कल जब मुझे अलग कर दिया था, वह?

ब्रह्मदेव : स्थिति दूसरी थी।

माधवी : अब दूसरी है, अपने पक्ष को सदा ऊँचा समझते रहे हैं आप! पिता होने का कितना घमण्ड है आपको! एक बात पूछूँ?

ब्रह्मदेव : कहो।

माधवी : क्या मनु को वास्तव में जानते हैं आप?

ब्रह्मदेव : मैं उसका बाप हूँ।

माधवी : बस वही हैं आप!

ब्रह्मदेव : कहना क्या चाहती हो?

माधवी : यही कि काश, आप बाप ही न रहते—अपने बेटे को समझ पाते—तो आज एक भयंकर परिणाम से बच गये होते।

ब्रह्मदेव : तुम सीमा से बाहर जा रही हो।

माधवी : नहीं, मैं आपको वह सब कुछ अवगत कराने का प्रयास कर रही हूँ, जिसने आपको अपने बेटे से दूर करा दिया है। क्षमा करें, मनु को मैं नहीं लायी हूँ, बल्कि आपने ही बाध्य किया है उसे वह घर छोड़ देने पर। मैंने तो उसके उस सूनेपन को फिर से थाम लिया है।

ब्रह्मदेव : तुम्हारा तात्पर्य?

माधवी : यही कि खोखले संस्कारों और परम्पराओं की बेड़ियों के बीच जिस मनु को आपने आज तक कैद किया हुआ था, वह उन्हें तोड़कर आज फेंक आया है। लादा गया कोई निरंकुश कभी भी तोड़ दिया जाता है। उसका भयंकर परिणाम लादने वाले को ही भुगतना होता है।

ब्रह्मदेव : नहीं-नहीं, उसे गुमराह किया गया है।

माधवी : किसने किया? मैंने?

ब्रह्मदेव : हाँ, तुमने!

माधवी : मगर मनु तो कहता है कि वह तब से एक दिन भी नहीं जिया है।

ब्रह्मदेव : गलत है यह, वह आज तक बराबर अपने कर्तव्यों को निभाता आया है।

माधवी : कर्त्तव्यों को निभाना और बात है, जीना और।

ब्रह्मदेव : जानती हो, कर्त्तव्य ही सबसे ऊँचा होता है।

माधवी : नहीं, कर्त्तव्य केवल कर्त्तव्य है—जिसे निभाना ही होता है, निजी इच्छाओं का कोई प्रश्न नहीं होता।

ब्रह्मदेव : तुम कहना क्या चाहती हो?

माधवी : यही कि मनु के साथ और मेरे साथ बहुत बड़ा अनर्थ हो गया है।

ब्रह्मदेव : इसलिए तुम अब उससे विवाह कर लेना चाहती हो?

माधवी : विवाह तो उसका आप ही कर सकते हैं, मैं कहाँ! क्योंकि आप पिता

जो हैं उसके!

ब्रह्मदेव : नहीं-नहीं, यदि तुम चाहो तो मैं उसकी पहली पत्नी से उसे तलाक दिला सकता हूँ।

माधवी : मुझे आपसे एक पाप और नहीं करवाना है।

ब्रह्मदेव : माधवी...यह सब मेरी सहनशीलता के बाहर है।

माधवी : आपको भी उचित शब्दों का प्रयोग करना चाहिए।

ब्रह्मदेव : मैं अधिक बहस न करते हुए, तुम्हारी साफ राय जानना चाहता हूँ।

माधवी : मेरी राय?

ब्रह्मदेव : इस सबके लिए तुम जो उचित माँगोगी, मैं उसे पूरा करने की कोशिश करूँगा।

माधवी : नहीं, क्योंकि मुझे मालूम है—आप कभी किसी को कुछ नहीं दे सकते...इसलिए मैं यह भूल कदापि नहीं करूँगी।

ब्रह्मदेव : तो तुम्हारा तात्पर्य है, तुम इसी रूप में उसे अपने साथ रखना चाहती हो?

माधवी : किस रूप में?

ब्रह्मदेव : जिसमें वह अब तक रह रहा है।

माधवी : क्या हानि है?

ब्रह्मदेव : तब तुम्हारे इस घर को घर नहीं कहा जा सकता।

माधवी : क्या कहा जा सकता है?

ब्रह्मदेव : सिर्फ एक वेश्या का कोठा, जहाँ सीधे-सादे परिवार के लोगों को गुमराह कर दिया जाता है।

माधवी : तो क्या हुआ, वेश्याएँ भी तो किसी-न-किसी के द्वारा गुमराह की गयी औरतें होती हैं, जिन्हें धर्म और समाज के मुखौटे लगाने वाले लोग जबरदस्ती यहाँ बैठा देते हैं। एक गुमराह दूसरे को गुमराह नहीं करेगा, तो क्या करेगा! सच-सच बताइये, क्या मैं आपके बेटे की बहू नहीं थी। बहू नहीं थी तो कौन थी मैं? क्या आपने बाप का मुखौटा लगाकर मुझे—अपने ही बेटे की बहू को कोठे पर नहीं बैठा दिया है? अगर नहीं बैठाया है तो अपने बेटे को इस कोठे पर ढूँढ़ने क्यों आये हैं आप? ओह, आप शायद उसका सौदा करने के लिए आये हैं। तो बोलिए, क्या सौदा करते हैं आप अपने बेटे को यहाँ से ले जाने का?

ब्रह्मदेव : मा...ध...वी...

माधवी : हाँ-हाँ, रुपया-पैसा-सोना-चाँदी...ऊहूँ, नहीं, ये सब तो यहाँ हर रोज ही सैकड़ों लोग लुटाकर चले जाते हैं। क्या मेरे मनु की जगह एक और मनु मुझे दे सकते हैं आप?

ब्रह्मदेव : माधवी, तुम होश में हो...लज्जा आनी चाहिए तुम्हें!

माधवी : हूँ...लज्जा...और कोठे पर, आप भूल रहे हैं शायद—लाज, शर्म नाम की चीजों का तो यहाँ नीलाम होता है...बोलियाँ लगती हैं...फिर आप नाराज क्यों होते हैं? मैंने तो यह सब इसलिए ही कह दिया था कि जब आप एक बहू की जगह दूसरी बहू ला सकते हैं...जाइये, चले जाइये यहाँ से, फिर भूलकर भी नहीं कभी इनका कोठों पर आइये! ये शरीफ लोगों की जगह नहींहोतीं...और अपने बेटों को यहाँ आने से रोकने के लिए अपने घरों की दीवारें और दरवाजे लोहे के बनवाइये, जिससे कि वे कभी घर से बाहर ही न निकल सकें। इसके बावजूद अगर वे उन दरवाजों को तोड़कर आ जाते हैं तो यहाँ आकर सिर मारने की बजाय, अपने अन्दर के कोठों को टटोलिये। जाइये, चले जाइए यहाँ से...चले जाइए...(**फूट पड़ती है।**)

(ब्रह्मदेव अवाक्-सा रह जाता है। वही संस्कार-रूपी आकृतियाँ धीरे-धीरे चारों ओर से उसे घेरने लगती हैं। वह स्वयं को उनसे बाहर निकालने की चेष्टा करता है परन्तु घिरता ही चला जाता है और उन्हीं के बीच घिरा ढेर हो जाता है।

रंजना, माधवी, मनु, विनय, दयाल सब भिन्न दिशाओं में असहाय-से खड़े उसे देखते रहते हैं।)

❖❖

प्यार कैसे होता है?

पात्र

योगेश	:	अशोक निशेश
हेमन्त	:	पाली का पति
पाली	:	हेमन्त की पत्नी
उमेश	:	कालोनी का एक नवयुवक
शुक्लाजी	:	एक पड़ोसी
शुक्लाइन	:	शुक्लाजी की पत्नी
नरेश	:	एक परिचित .फ़ोटोग्राफ़र
अविनाश	:	हेमन्त का एक पुराना मित्र

(मिस्टर सपरे व पार्टी में भाग लेने वाले कुछ अतिथि जो सुविधानुसार घटाये-बढ़ाये जा सकते हैं।)

लेखक का वक्तव्य

प्यार कैसे होता है?

यह प्रश्न सदैव ही मनुष्य के सम्मुख आता रहा है। विभिन्न परिभाषाओं द्वारा उसने समय-समय पर इसका उत्तर ढूँढ़ने का प्रयास भी बराबर किया है। नारी-पुरुष प्रणय सम्बन्धों को लेकर साहित्य में भी बहुत कुछ उपलब्ध है।

आज के इस वैज्ञानिक युग का मनुष्य पूर्णतया परिस्थितियों में घिर गया है। पारिवारिक सम्बन्धों को स्थिर रख पाना उसके लिए असम्भव नहीं तो जटिल अवश्य हो गया है। एक ओर परिस्थितियाँ उसे अपनी ओर खींच रहीं हैं, दूसरी ओर भावनाओं द्वारा संचित पारिवारिक्र सम्बन्ध। जिस ओर से भी वह दृष्टि हटाता है, वही पक्ष टूटता-सा प्रतीत होता है। परिवार से मुँह मोड़ता है, सुख-शान्ति का स्वर्ग घर, मात्र ईंट, गारा, मिट्टी का ढेर बनकर रह जाता है, परिस्थितियों से नहीं जूझता, तो वे उसे निगल जाने को तत्पर रहती हैं। ऐसी स्थिति में केवल एक ही रास्ता उसके सम्मुख है—दोनों का सामंजस्य, जिसके लिए आवश्यकता है एक अटूट विश्वास की–।

नाटक इसी गहन समस्या को प्रतिपादित करता है। हेमन्त, पाली कालोनी के लिए एक आदर्श दम्पति किसी एक अप्रिय घटना के कारण अपने पारिवारिक सम्बम्धों में जहर घोल बैठते हैं, और एक-दूसरे की त्रुटियाँ खोजने में व्यस्त हो जाते हैं। उनके निजी सम्बन्ध एकदम ही टूटते-से प्रतीत होने लगते हैं—आदर्श परिवार की नींव हिलती दिखाई देने लगती है। परन्तु अन्तराल के किसी कोने में छिपा कोई विश्वास कहीं से एक छोर उनके हाथ में थमा देता है और परिवार टूटने से बच जाता है।

नाटक इस मूल समस्या के साथ-साथ कुछ अन्य समस्याएँ, जैसे विद्यार्थी जीवन की अल्हड़ता, काम-समस्या, पुरुष द्वारा नारी का शोषण, विषयों पर भी प्रकाश डालता है, जो दर्शक को केवल कुछ सोचने पर ही बाध्य नहीं करता अपितु एक दिशा की ओर भी संकेत करता है। मुझे प्रसन्नता है, समय-समय पर हुए इसके मंचन पर दर्शकों पर हुई प्रतिक्रिया से जो अमूल्य विचार प्राप्त हो सके हैं, मेरे लिए मार्ग-दर्शन का कारण बन सके जिसके लिए आभार प्रगट करता हूँ।

—रमाशंकर निशेश

निर्देशक का वक्तव्य

वास्तव में इस नाटक के शीर्षक ने ही मेरे मन में इसे पढ़ने की जिज्ञासा पैदा की। जब पढ़ा तो आभास हुआ, उसके प्रश्नसूचक शीर्षक में उसका उत्तर भी छिपा हुआ है।

'प्यार कैसे होता है?' अर्थात् प्यार ऐसे होता है। नाटक की इस विशेषता ने भी मुझे आकर्षित किया। इसके विपरीत इसमें लेखक ने एक गम्भीर समस्या को मनोवैज्ञानिक विश्लेषण के साथ-साथ सरल एवं स्वाभाविक रूप में कहने का प्रयास किया है। नाटक में घटित घटनाएँ स्वाभाविक रूप से उभरती हैं एवं एक चरम सीमा पर पहुँच कुछ सोचने पर बाध्य करती हैं।

इसे मंचन करते समय मुझे लगा कि यह एक ऐसी गज़ल है जिसमें शब्दों में ही एक मधुर संगीत छिपा रहता है, बाह्य संगीत की बिल्कुल आवश्यकता नहीं रह जाती। अतः बिना बाह्य नाट्य विधाओं की सहायता लिए इसे स्वाभाविक एवं सरल ढंग से प्रस्तुत करने का प्रयास किया है, जिससे नाटक की गहनता को दर्शक तक पहुँचाने में सहायता मिल सकी है। नाटक में संवाद ही इतने शक्तिशाली एवं प्रभावपूर्ण हैं कि उन्हें किसी अन्य विधा की सहायता की आवश्यकता नहीं। लेखक ने जिस शैली का इसमें प्रयोग किया है मैंने अनुभव किया कि ठीक उसी प्रकार से ही इसका मंचन भी अधिक उपयुक्त होगा। मैं निःसंकोच कह भी सकता हूँ—अपने इस प्रयोग में मैं बहुत कुछ सफल रहा हूँ जिसका प्रमाण आदरणीय दर्शकगण हैं जिन्हें वो छू सकने में कामयाब हो सका।

—अशोक निशेश

दृश्य : एक

(एक परिवार का सुसज्जित ड्राइंग रूम जिसके दायीं ओर एक दरवाजा है, जो बाहर की ओर चला गया है। बायीं ओर एक और दरवाजा है, जो कमरे के अन्दर की ओर जाता है। इसी कमरे के एक ओर ड्रेसिंग टेबिल व दूसरी ओर एक दराजवाली टेबिल है।

पाली फूलों का गुलदस्ता लिये किसी गीत को गुनगुना रही है। गुलदस्ता एक स्थान पर रखती है, फिर दूर खड़ी हो उसका मुआयना करती है–ठीक नहीं लगता। उसे उस स्थान से उठा दूसरे स्थान पर ले जाती है। उसी समय हेमन्त प्रवेश करता है।)

हेमन्त : हिप...हिप...हु-र्-रे...हिप...हिप...हु...र्...रे।

(चिल्लाते हुए धम से सोफे पर गिर जाता है।)

तुमने देखा मैं कितना खुश था?

पाली : हाँ, देखा?

हेमन्त : क्या देखा?

पाली : यही कि तुम बहुत खुश थे।

हेमन्त : अब जरा ये भी पूछो, क्यों?

पाली : अच्छा तो बता दो, क्यों?

हेमन्त : इसलिए कि अपना बाहर जाने का एसाइनमेण्ट कैंसिल्ड।

पाली : बाहर जाने का एसाइनमेण्ट कैंसिल्ड?

हेमन्त : यस–यानी मैं अब बाहर नहीं जाऊँगा।

पाली : बाहर...क्यों...?

हेमन्त : बीकाज–आई डोण्ट वाण्ट टू गो।

पाली : बाहर जा रहे थे, नहीं जाओगे—आखिर ये सब...

हेमन्त : हाँ—ये सब तीन महीने से 'हैंगिंग इन दि बैलेन्स' था—यानी बीच में लटका हुआ था—आज फाइनल।

पाली : आपका मतलब है—आपका फॉरिन टूर कैंसिल्ड?

हेमन्त : यस।

पाली : और आप खुश हो रहे हैं?

हेमन्त : हूँ...हूँ...।

पाली : क्यों...?

हेमन्त : इसलिए कि मैं नहीं जा रहा।

पाली : कमाल है।

हेमन्त : क्यों?

पाली : क्योंकि शायद आप नहीं जानते बाहर जाने के लिए लोग किस तरह मुँह धोये बैठे रहते हैं।

हेमन्त : हाँ, ये तो जरूर है।

पाली : अजी जनाब, आपको अफसोस होना चाहिए।

हेमन्त : अफसोस?

पाली : भाग्य-रेखा के अचानक पलट जाने का अफसोस।

हेमन्त : भाग्यरेखा?

पाली : जिसमें लिखा था—आप विदेश यात्रा करेंगे, जबकि किसी अन्य ग्रह के बीच में आ जाने से आपकी ये आनन्दमयी यात्रा रद्द।

हेमन्त : हयँ, ऐसा?

पाली : जी—इस गम्भीर विषय पर आपको गम्भीरता से विचार करना चाहिए।

हेमन्त : सच...?

पाली : ग्रह-शान्ति का कोई उपाय करना चाहिए।

हेमन्त : अरे वाह, पण्डित जी, बिल्कुल ठीक कहा आपने।

पाली : आप शायद इसे मज़ाक समझ रहे हैं—जबकि ये सवा सोलह आने सत्य है।

हेमन्त : कैसे...?

पाली : सर्वविदित है, माँ-बाप जब कभी भी अपने बच्चों की जन्म कुण्डली किसी पण्डित को दिखाते हैं—तो उनका सबसे पहला प्रश्न यही होता

है—पण्डित जी, विद्या-धन के अलावा जरा यह देख कर बताइए, विदेश यात्रा भी है कि नहीं? इस प्रश्न के उत्तर में यदि पण्डित जी ने कहीं 'हाँ' कह दी तो जानते हो क्या हो जाता है?

हेमन्त : क्या?

पाली : हंगामा...ताशे बजने लगते हैं—शहनाई गूँज उठती है—मानो परिवार में साक्षात भगवान कृष्ण ने अवतार ले लिया हो, घर के चारों ओर उल्लास ही उल्लास बिखर उठता है, नन्द के लाला परिवार में न्यौछावर पे न्यौछावर और बलैयों पर बलैयाँ...।

हेमन्त : तब तो बहुत बुरा हो गया।

पाली : बुरा...एकदम बुरा--आप मॉडर्न थिंकिंग के मुताबिक ही जरा सोचिए...नयी-नयी चीजें देखने को मिलतीं...नये-नये एक्सपीरियेन्सेंज होते...इनके अलावा स्पेशल अलाउंस अलग से मिलते—लोग 'फॉरिन रिटर्न' कह कर अलग पुकारते, जानते हो कितनी रेप्यूटेशन बनती है?

हेमन्त : हाँ...ये बात तो बिल्कुल ठीक है...।

पाली : इधर जनाब हैं कि अपने इस 'हैवी लॉस' पर खुश हो रहे हैं...हद हो गयी।

हेमन्त : वाकई ये सब तो मैंने बिलकुल नहीं सोचा था।

पाली : फिर क्या सोचा था?

हेमन्त : यही कि तुमसे, बच्चों से, कई सालों के लिए एकदम दूर हो जाऊँगा, घर का सेटिंग गड़बड़ होगा—फिर सब से ज्यादा। फिक्र मुझे तुम्हारी थी। तुम शायद मेरे इतने दूर चले जाने के गम को बरदाश्त कर सको या नहीं—कुछ दिन से तो मुझे लगने लगा था, मैं फॉरिन टूर पर नहीं बल्कि किसी 'वार प्रिज़नर्स' के कन्सन्ट्रेशन कैम्प' में भेजा जा रहा हूँ।

पाली : तो क्या...तुम...अकेले ही जा रहे थे...?

हेमन्त : हाँ, फिलहाल तो अकेले ही जाना पड़ता।

पाली : और मैं अकेली यहाँ रहती...?

हेमन्त : वो तो जाहिर है...सुनो, क्यों न मैं किसी विद्धान पण्डित से काण्टैक्ट कर, इन विघ्न डालने वाले ग्रहों को शान्त करवा लूँ। शायद कहीं बात बन जाये...सिर्फ थोड़े दिनों की तो बात है...बाद में मैं तुम सबको

बुला ही लूँगा...क्यों...?

पाली : नहीं-नहीं, इन पण्डितों के चक्कर में नहीं पड़ना है...जो हो गया वह हो गया।

हेमन्त : एक बार मिलकर तो देखूँ...शायद तुम्हारे साथ चलने का भी कोई ग्रह मिल जाये।

पाली : हाँ-हाँ—तब ठीक है—चलो मैं भी—तुम भी...। **(दोनों एक-दूसरे की ओर देखते हैं, हँस पड़ते हैं।)**

पाली : **(हेमन्त का हाथ अपने हाथों में भरते हुए)** हमारे इस छोटे-से संसार में जो कुछ भी है बस बहुत है—हम कहीं नहीं जायेंगे...जो कुछ हुआ—बहुत अच्छा हुआ।

हेमन्त : जानती हो मेरे बाहर जाने की अफवाह जैसे ही लोगों में फैली तो क्या हुआ?

पाली : क्या...?

हेमन्त : चारों तरफ से बधाइयाँ—कोई कहता—'यार, क्या मुकद्दर पाया है जो सात समुद्र पार, परियों के देश में जा रहे हो—जरूर पिछले जन्म में कोई शहजादे रहे होगे जो गुलबकाबली की तलाश में अधूरी तमन्ना लिये इस दुनिया से चला गया होगा, इसलिए दुबारा जन्म लेना पड़ा।' और कोई कहता—'यार, मेरे लिए एक कैमरा ही लेते आना, कैमरा न ला सको तो एक घड़ी ही सही, तुम्हारे इस शानदार टूर की एक यादगार तो रहेगी।' एक साहब तो कैश पेमेण्ट ही लेकर पहुँच गये, 'सुना है वहाँ 'थ्री-इन-वन' साड़ियाँ व अन्य रेडीमेड सामान बहुत सस्ता मिलता है, जो ला सको ले आना—कुछ कम भी रहा तो बाद में हिसाब हो जायेगा।'

पाली : हयँ—इतना सारा सामान!

हेमन्त : एक तरफ हम 'फॉरिन गुड्स' को बायकाट करने की बात करते हैं, और दूसरी तरफ उसके लिए इतनी क्रेज।

पाली : हाँ, क्या अजीब बात है।

हेमन्त : सिर्फ इतना ही नहीं, एक साहब तो सालों से यहाँ से जाने के लिए बेकरार बैठे हैं, जैसे ही कहीं मेरे जाने की खबर उन्हें लगी, सुबह से ही मेरे कमरे में आ धमके, और मेरे दफ्तर में घुसते ही 'फॉरिन' में रह रहे अपने तमाम रिलेटिव्ज की बात शुरू कर दी, फिर बोले—'यार, तुम उनसे कहना तो, मैं इस रेचेड कण्ट्री में, यहाँ एक-एक दिन बड़ी

मुश्किल से काट रहा हूँ। वो लोग हैं कि चुप बैठे हैं–जरा जोर दे कर पूछना तो, मेरे 'इमीग्रेशन' का क्या हुआ? मैं यहाँ न जाने कब से पैकिंग किये बैठा हूँ।

पाली : क्या अपने ही देश में यह महाशय इतने दुखी?

हेमन्त : देख लो।

पाली : छोड़ो, होंगे–हमें क्या लेना-देना!

हेमन्त : सच मानो पाली, इन लोगों की बातों से मुझे ऐसे लगने लगा जैसे इन सबको सिर्फ चीजों की जरूरत है, मेरी बिल्कुल जरूरत नहीं। मैं फिर भी इतना बेशरम हूँ, जो इनके बीच जिये चला जा रहा हूँ।

पाली : छोड़िए भी, आप इस तरह सोचते ही क्यों हैं?

हेमन्त : क्यों, क्या इतने लोगों में से एक भी ऐसा नहीं जो मन रखने के लिए ही कह दे–मेरे इस तरह दूर जाने का उसे बहुत अफसोस है?

पाली : क्या ये फिजूल की बातें सोचने लगे हैं, आपको याद है, आज हमारी शादी की चौदहवीं वर्षगाँठ है, आज हमें बहुत-से काम करने हैं।

हेमन्त : अरे हाँ, लो चौदह साल बीत गये, हमें पता तक न चला, माई गॉड, तो क्या हम इतने बड़े हो गये?

पाली : हाँ, सचमुच, पता ही नहीं चला सब कुछ।

हेमन्त : बच्चों को देख कर तो जरूर अन्दाजा लगाया जा सकता है–जब वो बड़े हो रहे हैं तो–हम लोग भी जरूर बड़े हो रहे होंगे–क्यों? जरा देखूँ तो, कितने बड़े हुए हैं हम (**बालिश्त से पाली को नापने लगता है।**)

(दोनों हँसते हैं)

पाली : आपने बच्चों को फोन कर दिया था न?

हेमन्त : हाँ।

पाली : वो आ रहे हैं क्या?

हेमन्त : नहीं।

पाली : क्यों?

हेमन्त : वही एग्जाम्स।

पाली : ओः–कई सालों से ऐसा ही हो रहा है–बच्चे इस मौके पर होते तो कितना मज़ा आता।

हेमन्त : हाँ–बेशक।

पाली : एक अजीब-सा शोर हो रहा होता।

हेमन्त : हाँ, उधर उनका शोर, उधर तुम्हारा शोर—मजा आ रहा होता।

पाली : **(बिगड़ते हुए)** तो क्या मैं खामखा शोर मचाती हूँ?

हेमन्त : बिल्कुल नहीं!

पाली : तब?

हेमन्त : भाई, जब वो शोर मचाते हैं तो उन्हें चुप करने के लिए तुम्हें भी तो शोर मचाना ही पड़ता है।

पाली : तो और क्या कर सकती हूँ?

हेमन्त : बेशक, कुछ भी नहीं।

पाली : मना करने पर भी तो नहीं मानते।

हेमन्त : उन्हें मानना चाहिए।

पाली : कभी-कभी सोचती हूँ—खामखा में इतना गुस्सा करने लगती हूँ।

हेमन्त : बिलकुल ठीक सोचती हो।

पाली : आखिर बच्चे ही तो है।

हेमन्त : और क्या?

पाली : अपने बराबर नहीं तोलना चाहिए।

हेमन्त : हाँ—सीखते-सीखते ही सीखेंगे।

पाली : क्यों—यह मेरी आदत कुछ नेताओं जैसी नहीं होती जा रही क्या?

हेमन्त : हाँ, कुछ कुछ।

पाली : करना-धरना कुछ नहीं, लम्बे-चौड़े भाषण झाड़ना...।

हेमन्त : बिल्कुल सच।

पाली : कभी हम भी तो बच्चे थे, जरूर शरारत करते होंगे!

हेमन्त : जरूर, जरूर।

(कुछ ध्यान हो आता है—हेमन्त की ओर गौर से देखती है।)

पाली : तुम ये घण्टे-भर से मेरे स्पून बने, मेरी हाँ में हाँ मिलाये चले जा रहे हो, क्यों...?

हेमन्त : भाई, माँ-बच्चों का मामला है—अपोज करके क्या मैं अपना घर बरबाद कर लूँ?

(पाली हँस पड़ती है।)

पाली : अच्छा-अच्छा, अब जल्दी से बाथरूम में जाइए, मुझे भी तैयार होना

है।

हेमन्त : बस अभी तैयार हुआ। (**बाथरूम की ओर जाने लगता है।**)

पाली : (**दूर से**) सुनिए, वो आपने मिसेज सपरे को फोन कर दिया था न?

हेमन्त : हाँ।

पाली : अपना-अपना कन्फर्म किया है उन्होंने?

हेमन्त : कर दिया है।

पाली : वेरी गुड–और बाकी के इन्विटेशन्स?

हेमन्त : बेफिक्र रहो–सब भेज दिये हैं।

पाली : चलो ठीक हैं (**स्वयं से**) अब देखो याद किस-किस को रहता है। आजकल सोशल लाइफ को मेंटेन करना कितना मुश्किल हो गया है–फिर इस कमरतोड़ महँगाई में कोई कब तक सोशल बना रह सकता है–!

(हेमन्त नंगे बदन टावल कन्धे पर डाले दरवाजे पर कहता है।)

हेमन्त : क्या जरूरत है इन सब फॉरमैल्टीज में पड़ने की, सोशल बने रहने की, सिर्फ एक खाने के लिए फिजूल में ढाई सौ रुपये का पेट्रोल फूँको, इतनी दूर जाओ–टाइम अलग बरबाद–इससे तो कहीं अच्छा, किसी नजदीक के रेस्टोरेण्ट में बैठ कर कोई 'विद फैमिली' इन ढाई सौ रुपयों का मजे से डिनर न करे। जरा सोचने की बात है।

(हेमन्त बाथरूम की ओर चला जाता है।)

पाली : (**दरवाजे तक जाते हुए**) हाँ-हाँ, सब तुम्हारी तरह सोचने लगें तो खड़ी रह ली सोसायटी! (**जोर से बोलती है**) और सुनिए, वो आपने अपने दोस्त उस फोटोग्राफर को भी इन्वाइट कर दिया कि नहीं...?

हेमन्त : (**दूर से बोलता है**) नहीं।

पाली : क्यों, वह नहीं आया तो?

हेमन्त : वो बगैर इन्वीटेशन के आ जाता है–ही नोज़ हिज जॉब।

पाली : देखो अब आता भी है या नहीं–और सुनिए–

हेमन्त : मैं बाथरूम में हूँ, तुम ज्यादा बोलोगी तो ऐसे ही बाहर निकल आऊँगा।

पाली : (**हँस पड़ती है**) यू बदमाश...

(कालबेल बजती है। पाली दरवाजे की ओर जाती है—उमेश प्रवेश करता है।)

उमेश : नमस्ते भाभी! भाई साहब हैं क्या?

पाली : हाँ-हाँ—बैठो, बाथरूम गये हैं।

उमेश : चलो, मिल तो गये। **(बैठता है।)**

पाली : नहीं, आज तो छुट्टी की है, आज शाम को तुम भी आ रहे हो न...?

उमेश : क्यों नहीं भाभी, जरूर। कोई भूलने की बात है क्या? मेरे लायक कोई काम हो तो बताइए।

पाली : बस तुम शाम को पार्टी में पहुँच जाना—सिर्फ यही काम है।

उमेश : अरे—जरूर भाभी, जरूर—। भाभी, मैं एक बात सोच रहा हूँ।

पाली : क्या?

उमेश : यही—आप लोगों को देख कर जी में आता है—मैं भी अब शादी कर ही डालूँ।

पाली : वाह उमेश भैया—यह भी कोई सोचने की बात है—बस निकलवा डालो जल्दी से कोई मुहूरत!

उमेश : मुहूरत तो अब तक निकल ही चुका होता भाभी—मगर कुछ लोगों की शादी के बाद जो हालत देखता हूँ—सब हौसले पस्त हो जाते हैं।

पाली : वो सब अपने ऊपर निर्भर करता है, उमेश भैया! आदमी चाहे तो घर को स्वर्ग बना ले, चाहे तो जहन्नुम।

उमेश : वो तो ठीक है, मगर जब-जब भी मैं अपने ऊपर वाले शुक्ला जी की हालत देखता हूँ तो शादी के नाम तक से रूह फना होने लगती है। सुना है आज फिर दोनों में खूब जम कर लड़ाई हुई है। मैं तो एक बार हिम्मत करके उन दोनों में बीच-बचाव करने गया था कि उसी दिन लेने के देने पड़ गये होते।

पाली : क्यों?

उमेश : बस, मैं उनके शोर से जैसे ही उनके दरवाजे में घुसा था कि कोई लम्बी-सी लोहे की चीज, साँय से मेरे सिर से गुजर गयी। मैं झट से नीचे बैठ गया, नहीं तो उस रोज मिसेज शुक्ला का चलाया सुदर्शन चक्र घूम गया होता मेरी गर्दन पर भी।

पाली : ओफ...राम...राम...क्या चीज फेंक दी थी?

उमेश : लोहे का चिमटा—मैं तो उस दिन समझा बिचौलिए का क्या हश्र होता है। सोचता हूँ कहीं वो चिमटा मुझे लग गया होता तो शायद ये गर्दन उस रोज कबूतर की तरह जरूर लटक गयी होती।

पाली : बहुत गुस्सा है मिसेज शुक्ला में!

उमेश : अजी बस पूछिए मत—अब एक तरफ आप लोग हैं, एकदम शान्त, मधुर। दूसरी तरफ मिस्टर-मिसेज शुक्ला—उन्हें लड़ते देखकर तो कभी-कभी बड़ी दहशत-सी होने लगती है। सोचता हूँ कहीं मेरी पत्नी भी वैसी ही निकल गयी तब क्या होगा?

पाली : सिर्फ तुम्हारा वहम है, एक बार हिम्मत तो करो।

उमेश : हिम्मत की भी थी।

पाली : फिर?

उमेश : बस, मार खा गया।

पाली : कैसे?

उमेश : हुआ ये कि खाना-वाना खा लेने के बाद हम दोनों को कुछ टाइम के लिए अलग छोड़ दिया गया, ताकि हम बातचीत कर एक-दूसरे को समझ लें।

पाली : फिर...?

उमेश : फिर क्या, काफी देर तक चुप बैठे रहे हम दोनों।

पाली : क्यों?

उमेश : वो सोचती रही कि पहले मैं बोलूँ, मैं सोचता रहा कि पहले वो।

पाली : **(हँसती है)** और तब तक गाड़ी ये जा, वो जा—क्यों...?

उमेश : हाँ, बस ऐसा ही समझिए—वो चुप बैठी रही, मैं भी।

पाली : आखिर में क्या हुआ?

उमेश : होता क्या, उसे गुस्सा आ गया, एकदम गरजते हुए बोली—'महात्मा जी, यहाँ मौन व्रत करने आये हो, या कुछ पूछने? जल्दी पूछो, जो कुछ पूछना है।' पारा एकदम गर्म।

पाली : फिर तुमने पूछा?

उमेश : अजी कहाँ भाभी—उसका गर्म पारा देख अपना हौसला तो जीरो डिग्री से भी एकदम नीचे। क्या पूछना, क्या न पूछना—सीधी जान बचाने की पड़ी।

पाली : क्यों, कुछ पूछ लेना चाहिए था!

उमेश : पूछ तो लेता, मगर वो मिसेज शुक्ला का चिमटा याद आ गया, बस कान्फीडेंस लूज कर गया।

पाली : ओफ, ये तो बहुत बुरा हुआ—फिर?

उमेश : घरवालों ने मेरी राय जाननी चाही, मैंने इनकार कर दिया। क्यों भाभी, क्या वह लड़की भी ठीक मिसेज शुक्ला की तरह टेम्प्रामेण्टल नहीं थी क्या?

पाली : बिल्कुल नहीं।

उमेश : तब?

पाली : एक समझदार योग्य लड़की थी।

उमेश : वो कैसे?

पाली : क्योंकि वह नहीं चाहती थी उसका होने वाला पति कायर, बेजबान, मिट्टी का माधो हो।

उमेश : क्या सच?

पाली : बेशक।

उमेश : तब तो मैं गलती कर गया।

पाली : हाँ—यहाँ तुम जरूर कुछ गलती ही कर गये हो, उमेश भैया!

उमेश : मैं उसके घर वालों से कह कर फिर रिश्ते की बात चलवाता हूँ।

पाली : हाँ, देखो—अगर अब तक कोई रिश्ता न हुआ तो, तब तो जरूर बात बनी समझो।

उमेश : ईश्वर ने चाहा तो अभी रिश्ता नहीं हुआ होगा। मैं अभी जिक्र चलवाता हूँ—शायद बात बन जाये। बननी ही चाहिए। **(उठ जाता है)** ठीक है भाभी, मैं अब चलता हूँ—भाई साहब से शाम को मिलूँगा।

(जाने लगता है)

पाली : अरे-अरे—ठहरो तो, मैं थोड़ी चाय बना लाती हूँ।

उमेश : नहीं-नहीं, अब रहने दीजिए—फिर शाम को...अभी...नमस्ते!

(उमेश का प्रस्थान। हेमन्त बाथरूम से वापिस आता हैं, जिसने अब कुर्ता-पाजामा पहना हुआ है।)

हेमन्त : लो, बस मैं तो हो गया तैयार।

पाली : ठीक है, बस मैं भी तैयार हो जाती हूँ—मुझे—सुनो, तुम आज पार्टी में पहनोगे क्या?

हेमन्त : वही, लास्ट ईयर की तरह कुर्ता-पाजामा।

पाली : नहीं, मैं सोच रही हूँ कि इस बार तुम कुछ और पहनो।

हेमन्त : भाई कन्वीनियेंट रहता है—फिर घर में पार्टी है—बाहर तो नहीं।

पाली : घर में तो है—मगर है तो पार्टी।

हेमन्त : तो क्या हुआ?

पाली : कुछ नहीं, तुम इस बार वो अपना नया वाला सूट पहनोगे।

हेमन्त : मगर पाली...!

पाली : देखो, अगर-मगर कुछ नहीं, यह सोचने की जिम्मेदारी मेरी है।

हेमन्त : मगर कपड़े तो मैंने पहनने हैं।

पाली : तो क्या हुआ?

हेमन्त : पसन्द भी मेरी होनी चाहिए।

पाली : यू आर रौंग हियर—माई डियर!

हेमन्त : क्यों...?

पाली : पसन्द मेरी होनी चाहिए।

हेमन्त : किसलिए...?

पाली : इसलिए कि दुनिया में सबसे अलग मैंने तुम्हें पसन्द किया है।

हेमन्त : और मैंने नहीं!

पाली : मैं कब इन्कार करती हूँ—जभी तो जो कुछ भी पहनती हूँ—तुमसे पूछकर।

हेमन्त : यस—यू आर राइट।

पाली : इसलिए जो कुछ मुझे अच्छा लगे वो तुम पहनो। पूछो क्यों।

हेमन्त : क्यों?

पाली : इसलिए कि हर बीवी शायद अपने खाविन्द को दुनिया में सब से अनोखा देखना पसन्द करती है।

हेमन्त : किसलिए?

पाली : **(धीरे से)** क्योंकि वो उसे सबसे ज्यादा प्यार करती है—बुद्धू! **(हँसती है)**

हेमन्त : **(आश्चर्य से)** पाली—यू आर रियली—ग्रेट।

पाली : क्या कहने हैं 'हैन पैक्ड'—जवाब नहीं—अरे हाँ—अभी-अभी उमेश आया था, आपको पूछ रहा था।

हेमन्त : क्या बात थी?

पाली : कुछ नहीं—बस मिलना चाहता था।

हेमन्त : शाम को पार्टी में तो आयेगा न...?

पाली : हाँ, कह तो रहा था।

हेमन्त : बहुत ही सीधा लड़का है।

पाली : शादी के नाम से कुछ घबरा गया है—कुछ उम्मीद बाँधता भी तो उसे मिस्टर-मिसेज शुक्ला की लड़ाई ने खत्म कर दिया—इस बार हिम्मत बाँध कर गया तो है।

हेमन्त : कहाँ?

पाली : किसी पुराने रिश्ते की फिर से बात चलवाने—देखो क्या होता है।

हेमन्त : बेचारा—ए पुअर बॉय—सुनो, जरा इधर आओ।

पाली : **(निकट आते हुए)** कहिए।

हेमन्त : **(धीरे से)** इस बार तुम्हारी तरफ से अपने को क्या प्रेजेण्ट मिल रहा है?

पाली : मिस्टर—प्रेजेण्ट पूछ कर नहीं दिया-लिया जाता।

हेमन्त : अगर पूछ लिया जाए, बता दिया जाए, तो क्या हर्ज है?

पाली : नो प्लीज, वाच फार दि टाइम।

हेमन्त : अच्छा चलो, थोड़ा हिण्ट ही मिल जाये।

पाली : सॉरी।

हेमन्त : कोई बात नहीं मैडम—हम भी पता लगा ही लेंगे।

पाली : तो लगा लीजिए न—कौन मना करता है।

हेमन्त : पता लगा लिया तो?

पाली : तो एक प्रेजेण्ट के साथ एक और प्रेजेण्ट।

हेमन्त : प्रॉमिस? **(हाथ बढ़ाता है।)**

पाली : यस प्रॉमिस। **(हाथ मिलाती है।)**

हेमन्त : अब भी सोच लो।

पाली : हाँ, हाँ...खूब सोच लिया, आखिर एक औरत की जबान है, कोई मामूली बात नहीं?

हेमन्त : अच्छा...यह बात है।

(पाली ड्रेसिंग टेबिल के निकट जाती है।)

पाली : बिल्कुल...देखो—ये नयी जुराबें—टाई, हैंकी, सब इस नीचे वाली रेक में रखे हैं—सूट बदलो तो इन्हें ध्यान से निकाल लेना।

(हेमन्त बाल काढ़ने टेबिल के निकट आता है। पाली शीशे में देखते हुए)

पाली : ये तुम्हारे बाल काफी गिरते जा रहे हैं...!

हेमन्त : अब इतने रहे कहाँ हैं—जो गिरेंगे...गिरने थे वो गिर गये।

पाली : कितनी बार तो कहाँ है आप मानें तब तो।

हेमन्त : क्या कहा है?

पाली : यही कि कनॉट प्लेस से कोई विग खरीद लो।

हेमन्त : तुम्हारा मतलब है, मैं अब वो हिप्पियों वाली विग पहनना शुरू कर दूँ?

पाली : क्या ह्रर्ज है—बहुत-से लोग पहनते हैं...आजकल तो...।

हेमन्त : क्या बात करती हो—बस-बस, रहने दो अपनी ये 'वेल्यूएबिल सजेशन'—मैं यूँ ही ठीक हूँ।

पाली : देख लो, सिर पर ये गंज कुछ...।

हेमन्त : क्या कुछ, देखती नहीं हो, आजकल के जितने भी इण्टलेक्चुअल हैं, सब ज्यादातर गंजे ही होते हैं—देखने में भी कुछ बुरे नहीं लगते, फिर वो मसल नहीं है—'सिर पे गंज छाये, लक्ष्मी घर आये' यानी ये गंजापन खुलेआम ये ऐलान करता है कि होशियार, आप धीरे-धीरे अब कुबेर के खजाने की तरफ बढ़ रहे हैं।

पाली : वाह-वाह, क्या बहलाया है गालिब ने दिल को—अजी हुजूर, क्या आपको मालूम है, आप अट्ठारहवीं शताब्दी में नहीं, इक्कसवीं शताब्दी में जी रहे हैं यानी 'ए सेंचुरी आफ साइंस'...?

हेमन्त : मालूम है, ये बाल सिर्फ उड़ ही नहीं रहे, सफेद भी होते जा रहे हैं।

पाली : विग से दोनों परपज हल हो सकते हैं।

हेमन्त : एक बात पूछूँ?

पाली : जरूर पूछो।

हेमन्त : जो लोग अब तक मुझे बराबर गंजा देखते आ रहे हैं, विग लगाने से हुई अचानक इस काया-पलट को देख कर हैरान नहीं होंगे क्या...?

पाली : तो क्या हुआ?

हेमन्त : मुझमें अचानक ये चेंज देखकर कोई पूछ बैठा तो?

पाली : तुम कह सकते हो, तुम इलाज करवा रहे थे।

हेमन्त : किसका?

पाली : किसी का भी नाम बता सकते हो।

हेमन्त : चलो मान लिया—उसके बाद किसी ने हमदर्दी जाहिर करते हुए ही उस विग पर हाथ फेर दिया तो?

पाली : हयँ...मगर क्यों?

हेमन्त : भाई, साइंस के इस आश्चर्यजनक आविष्कार को देख कर।

पाली : तुम हरगिज ऐसा नहीं करने दोगे।

हेमन्त : वो तो ठीक है, मगर फिर भी कोई न माना, उँगलियाँ धीरे-धीरे आगे, बढ़ती ही गयीं, मखमल-सी मुलायम विग से लिपटती ही चली गयीं, उँगलियों के हटते ही विग भी हट गयी तो?

पाली : तो क्या...?

हेमन्त : मैं फिर गंजा नहीं रह जाऊँगा, तुम्हारी इस मॉडर्न साइंस का जलूस नहीं निकल रहा होगा?

पाली : ओह...तुम उन्हें ऐसा करने ही क्यों दोगे...? फिर दे शुड बिहेव।

हेमन्त : यस, यस, दे शुड, मैडम, शायद आपको मालूम नहीं, दफ्तर के लोगों ने कुछ लोगों के नाम, खोज-खोज कर रखे हुए हैं।

पाली : खोज-खोज कर...?

हेमन्त : यस, एक लम्बी-चौड़ी रिसर्च करने के बाद।

पाली : क्या नाम रखे हैं?

हेमन्त : लकड़बग्गा, हुड़कचुल्लू, मजनूँ की पसली, दीवाना अब्दुल्ला वगैरा-वगैरा।

पाली : हयँ, इतने बेहूदे नाम...!

हेमन्त : गनीमत है, मुझे लोग सिर्फ गंजू के नाम से ही पुकारते हैं।

पाली : क्या वो गंजू कहते हैं तुम्हें?

हेमन्त : तो क्या लार्ड वायरन कहना चाहिए उन्हें?

पाली : तुम्हें एतराज करना चाहिए।

हेमन्त : यस यस, जरूर...क्या कह रही हो तुम, अरे मैं तो सब कुछ जान कर भी हमेशा ही अनजान बना रहता हूँ—क्योंकि जिस दिन भी कहीं उन्हें मालूम हो गया कि मुझे सब कुछ मालूम हो गया है, उसी दिन पूरे दफ्तर में जनाजा उठा समझो। जानती हो कल मैंने अपने ही असिस्टेंट को अपने ही चपरासी को फाइल देते वक्त साफ-साफ क्या

कहते सुना है?

पाली : क्या?

हेमन्त : वो उस फाइल को मुझ गंजू के पास पहुँचा आये। गुस्सा तो बहुत आया, मगर क्या करता, खून का घूँट पीकर रह गया। ओफ, साला जिस थाली में खाना उसी में छेद करना।

(पाली मुस्कराती हुई अन्दर के कमरे की ओर चली जाती है।)

हेमन्तः **(स्वयं)** देखो लोग क्या दो-दो चेहरे लगाए घूमते हैं, गंगा गये तो गंगादास, जमना गये तो जमनादास। मेरे सामने साला क्या लीपा-पोती करने लगता है जैसे मेरे अलावा उसका और कोई माई-बाप ही नहीं, और मेरी पीठ पीछे, मेरे बाप का भी बाप, गंजू को फाइल दे आये—मैं गंजू यानी मैं—

(शीशे में बाल काढ़ता है—कोई दरवाजे पर खड़ा दिखाई देता है। मुड़ कर देखता है। शुक्ला का प्रवेश)

हेमन्त : **(आश्चर्य से)** अरे, शुक्ला जी आप—और ये सिर पर पट्टी...?

शुक्ला : बस भाई साहब, अब तो आप मेरा तलाक करवा ही दीजिए।

हेमन्त : हयँ—तलाक...मगर हुआ क्या?

शुक्ला : बस कुछ नहीं, जो होना था, हो गया।

हेमन्त : कुछ बात तो हुई ही होगी?

शुक्ला : बात जो हुई, आप देख ही रहे हैं।

हेमन्त : हाँ-हाँ—जरूर, थोड़ी शान्ति रखिए।

शुक्ला : ये आपकी शान्ति का ही नतीजा है—आप कहते गये, मैं शान्ति रखता रहा, वो और कहाँ तक ले जा सकती है—बस इसका अन्दाजा आप मेरी हालत देख कर बखूबी लगा सकते हैं।

हेमन्त : हाँ, हालत तो देखने से काफी नाजुक लग रही है।

शुक्ला : बस, साले गुलाम बने रहो—दिन-भर गधे की तरह काम करते रहो—शाम को घर लौटो तो चुपचाप खूँटी से, उल्टे लटक जाओ—जिन्दगी बरबाद होकर रह गयी।

हेमन्त : आखिर बताइए तो, ये सब हुआ कैसे?

शुक्ला : खाना खा रहा था, बेलन मार दिया।

हेमन्त : बेलन—किस बात पर...?

शुक्ला : सब्जी में नमक ज्यादा हो गया था।

हेमन्त : फिर?

शुक्ला : मैंने कह दिया।

हेमन्त : तो...?

शुक्ला : कहने का मजा चख लिया।

हेमन्त : और कोई बात नहीं थी?

शुक्ला : थी।

हेमन्त : क्या?

शुक्ला : उसने कहा, 'सिनेमा चलना है', मैंने कहा, 'तेरा बाप कमा कर रख गया है!'

हेमन्त : बस...बस, यहाँ गलत बोल गये आप।

शुक्ला : क्या गलत बोल गया? यहाँ पर हर दिन खींच तान कर निकालना पड़ता है—मैडम को सिनेमा दिखा लाऊँ—फिर महीने का भी आखिर, क्या उसे ये सब सोचना नहीं चाहिए?

हेमन्त : जरूर-जरूर, पर आप उन्हें समझा सकते थे।

शुक्ला : समझने वाले को समझाया जाता है, भाई साहब!

हेमन्त : क्या मतलब?

शुक्ला : इससे पहले लाखों बार समझाया है—मगर जब-जब समझाया, उसने बजाय मेरी बात को समझने के मुझे ही समझा लिया। कल जानते हो किस बात पर बिगड़ी?

हेमन्त : किस बात पर?

शुक्ला : कहने लगी—'घर में कोई बाल-बच्चा होता तो कम-से-कम मन तो लगा रहता'—मैंने समझाते हुए कहा—'सब ईश्वर के हाथ है।' बस मोहल्ले के बच्चों की गिनती शुरू और बच्चा न होने की गलती का जिम्मेदार मैं।

हेमन्त : आ-प...?

शुक्ला : जी हाँ, मैं—बताइए भला कोई बात हुई?

हेमन्त : बात तो जरूर गलत है, मगर हौसले से काम तो लेना ही पड़ता है।

शुक्ला : भाई साहब, हौसला वहाँ रखा जाता है जहाँ दुश्मन कहीं कमजोर पड़ता नज़र आये—मैं एक कदम आग बढ़ता हूँ—वो दस कदम आगे निकल जाती है। मैं खाली हाथ अपना बचाव करता हूँ—वो पूरे हथियारों से

लैस होकर मुझ पर टूटती है—इन हालात में कोई हौसला रख सकता है क्या?

हेमन्त : हाँ—ये बात तो ठीक है।

शुक्ला : अब देखिए, आप लोग भी तो हैं, घर क्या, एक स्वर्ग कहिए। चारों तरफ शान्ति, खुशहाली—घर के हर कोने में खुशियाँ ही खुशियाँ—सही मायने में एक सुखी परिवार। दूसरी तरफ मेरा घर है, जैसे एक कुरुक्षेत्र का मैदान, चारों तरफ महाभारत ही महाभारत। आखिर आप लोगों में कभी झगड़ा क्यों नहीं होता, इसका राज़ क्या है?

हेमन्त : राज़ क्या होता शुक्ला जी! बस एक-दूसरे की इज्जत करते हैं हम लोग और पूरा-पूरा विश्वास रखते हैं। एक-दूसरे की तकलीफ का बराबर ध्यान।

शुक्ला : ये हुई न बात, वो अगर थोड़ा-सा भी मेरा ध्यान कर ले तो सारा काम ही बन जाये।

हेमन्त : वो नहीं करती तो आप ही इस काम को शुरू कर दीजिए।

शुक्ला : यानी मैं उसका ध्यान रखूँ?

हेमन्त : क्या हर्ज है?

शुक्ला : नहीं हर्ज क्या, ध्यान तो मैं पूरा ही रखता हूँ—सिर्फ उसका ही नहीं अपना भी, ध्यान न रखता तो इस सिर की जगह सिर न हो कर कुछ और ही होता।

हेमन्त : लगता है आप उन्हें समझने की बजाय उनसे डरने कहीं ज्यादा लगे हैं।

शुक्ला : हाँ, क्योंकि उन्हें समझने-समझाने की कोशिश में मैंने अपने को हमेशा ही कहीं न कहीं से घायल पाया है—घर के चारों ओर जब-जब भी नज़र डालता हूँ, लगता है जैसे ये घर किसी भूखे शेर का, एक बहुत बड़ा पिंजरा है और मैं उस पिंजरे में बन्द हूँ—शेर को जब-जब भी भूख लगती है, वो मुझ पर झपट पड़ता है।

हेमन्त : अच्छा आप भाभी जी से एक बार मुझे मिलवाइए—फिर पता चलेगा गलती किसकी तरफ से होती है।

शुक्ला : जरूर-जरूर—आप जरूर उनसे मिलिए—भाई साहब, मेरे घर में अगर शान्ति हो गयी तो आपका उपकार मैं आजन्म नहीं भूलूँगा।

हेमन्त : अजी ऐसी क्या बात है शुक्ला जी, सब ठीक हो जायेगा।

शुक्ला : नहीं, मैं सच कह रहा हूँ। अच्छा चलता हूँ। आपसे दो-चार दुख-सुख की बात हो जाती हैं, मन को बहुत शान्ति मिलती है—हौसला भी।

हेमन्त : क्या बात करते हैं शुक्ला जी...?

(शुक्लाइन के आने की आवाज)

शुक्ला : भाई साहब, मुझे बचाइए, शायद वो आ गयी है।

हेमन्त : हयँ—कौन?

शुक्ला : मेरी पत्नी शुक्लाइन—शायद वो यहीं आ गयी है।

हेमन्त : ठीक है, आप वहाँ उस सोफे के पीछे छिप जाइए।

(शुक्ला छिप जाता है। मिसेज शुक्ला क्रोध से हेमन्त के कमरे में प्रवेश करती है।)

हेमन्त : **(आश्चर्यचकित हो देखता है। पूछता है।)** आप...किनसे मिलना चाहती हैं?

शुक्लाइन : **(रौब से)** कहाँ हैं वो?

हेमन्त : कौन?

शुक्लाइन : वही—

हेमन्त : वही—वही कौन?

शुक्लाइन : मिस्टर शुक्ला।

हेमन्त : ओ, मिस्टर शुक्ला—अब समझा, तो आप ही मिसेज शुक्ला है।! बैठिए-बैठिए—मैं अभी पाली को...।

शुक्लाइन : नहीं-नहीं, मुझे बैठना नहीं है, इस वक्त मैं मिस्टर शुक्ला को ही ढूँढ़ने आयी हूँ।

हेमन्त : मिस्टर शुक्ला तो...लग रहा है आप काफी गुस्से में हैं, क्या शुक्ला जी से कोई बात हो गयी है?

शुक्लाइन : कुछ बात ही तो नहीं होती, अगर हो जाये तो रोज़ का रोना खत्म हो।

हेमन्त : मगर देखिए, इतना गुस्सा करना...।

शुक्लाइन : गुस्सा किया नहीं जाता—गुस्सा आ जाता है।

हेमन्त : हाँ-हाँ, आखिर क्यों आ जाता है?

शुक्लाइन : किसी वजह से...

हेमन्त : वो वजह ही तो मैं जानना चाहता हूँ।

शुक्लाइन : वजह—वजह कोई भी हो सकती है, अगर तुम मुझे गाली दोगे तो क्या

गुस्सा नहीं आयेगा?

हेमन्त : जरूर आयेगा।

शुक्लाइन : तो बस—गुस्सा आ गया।

हेमन्त : हूँ—तो इसका मतलब है, मिस्टर शुक्ला ने आपको गाली दी है।

शुक्लाइन : और नहीं तो क्या मुझे पागल कुत्ते ने काटा है जो बेलन लिये मैं उनके पीछे-पीछे घूम रही हूँ?

हेमन्त : बेशक—बेशक।

शुक्लाइन : इस आदमी ने मेरी सारे मोहल्ले में दो कौड़ी की कर दी है। हर घर की दीवार तक को ये मालूम हो गया है कि मैं खामखा सिर फोड़ती रहती हूँ। मगर मैं भी शुक्लाइन हूँ। इसकी भी दो कौड़ी की न करके रख दी, तो नाम बदलवा दूँगी। आप बताइए तो वो है कहाँ?

हेमन्त : मिसेज शुक्ला, जरा शान्ति से काम लीजिए—फिर आप गलत समझ रही हैं कि—मिस्टर शुक्ला ने यहाँ आ कर आपकी कोई बुराई की है—बल्कि वो तो आपकी तारीफ कर रहे थे।

शुक्लाइन : मेरी तारीफ...!

हेमन्त : जी बेशक—उनके माथे पर लगी चोट के बाबत जब मैंने पूछा तो वो कहने लगे, ऊपर की मंजिल से पैर फिसल गया था, वो तो मिसेज शुक्ला ने बचा लिया, नहीं तो आज हड्डी-पसलियों तक का सुरमा बन जाता।

शुक्लाइन : हैं...मैंने!

हेमन्त : जी हाँ—आपने—क्या ये सच नहीं है?

शुक्लाइन : नहीं, बिल्कुल सच है—जैसे ही उनका पैर फिसला कि एकदम नीचे की तरफ लुढ़कते चले आये—मैं उस वक्त नीचे अगली मंजिल पर ही खड़ी थी। उन्हें नीचे आते देख सीढ़ियों के बीच में खड़ी हो गयी—वो बच गये? नहीं तो सीधे पहली मंजिल पर बिखरी हुई अपनी हड्डियों को ढूँढ़ रहे होते।

हेमन्त : बेशक आपने बहुत ही बड़ा काम किया है।

शुक्लाइन : वो मानें तब ना?

हेमन्त : मगर इस चोट की हालत में उन्हें घर से बाहर नहीं जाने देना चाहिए था।

शुक्लाइन : रोका था—वो मानें तब ना।

हेमन्त : उन्हें आपकी बात माननी चाहिए।

शुक्लाइन : माननी तो चाहिए, पर मानें तब ना।

हेमन्त : काश आपकी बात मान जाते तो ऐसा क्यों होता?

शुक्लाइन : **(आश्चर्य से)** हयँ, क्या होता?

हेमन्त : होता क्या मिसेज शुक्ला—यहाँ आते ही अचानक मिस्टर शुक्ला को दौरा पड़ गया।

शुक्लाइन : हयँ, दौरा...!

हेमन्त : जी हाँ, वो काफी देर तक बेहोश पढ़े रहे।

शुक्लाइन : फिर?

हेमन्त : फिर धीरे-धीरे उन्हें होश आया।

शुक्लाइन : फिर?

हेमन्त : उनकी जुबान पर आपका ही नाम था।

शुक्लाइन : मेरा नाम...!

हेमन्त : जी हाँ! फिर अचानक अपने चारों ओर देखा और जैसे किसी बेहोशी के आलम में कोई चलता है, चलना शुरू कर दिया। मैं चिल्लाया, 'शुक्ला जी—कहाँ जा रहे हैं आप—उधर कहाँ जा रहे हैं—आपका घर तो इधर है—इस तरफ', पर उन्होंने मेरी एक न सुनी। आखिर जैसे ही मैंने आपका नाम लिया तो क्या देखता हूँ उनके तेज बढ़ते कदम, एकदम वहीं जाम हो गये।

शुक्लाइन : मेरा नाम सुनकर वो एकदम रुक गये! हाय राम! फिर क्या हुआ—मेरा नाम सुना तो क्या बोले...?

हेमन्त : कुछ नहीं।

शुक्लाइन : तो...

हेमन्त : फिर बेहोश हो गये।

शुक्लाइन : हयँ?

हेमन्त : मैंने—उसके बाद कई बार आपका नाम दोहराया मगर वो नहीं उठे। उनकी हालत को नाजुक समझ मैं जैसे ही ऐम्बुलेंस के लिए फोन करके कमरे से लौटकर आया हूँ तो क्या देखता हूँ कि शुक्ला जी तो गायब?

शुक्लाइन : हयँ, गायब—कहाँ गये?

हेमन्त : शायद अस्पताल चले गये हों।

शुक्लाइन : अस्पताल?

हेमन्त : कहीं और भी जा सकते हैं।

शुक्लाइन : कहीं और कहाँ?

हेमन्त : अब कहीं भी समझ लीजिए।

शुक्लाइन : नहीं-नहीं, ऐसा मत कहिए।

हेमन्त : तो फिर क्या कहा जाये—बेहोशी की हालत में आदमी के बारे में और क्या कहा जा सकता है?

शुक्लाइन : हयँ, तो क्या...?

हेमन्त : जी हाँ, किन्हीं खास कारणों से आदमी पागल भी हो जाता है।

शुक्लाइन : पागल...

हेमन्त : आप उन्हें पहले—ऐसी जगह पर ही ढूँढ़ें जहाँ ऐसे लोगों का इलाज होता हो।

शुक्लाइन : आपका मतलब पागलखाने...।

हेमन्त : पता करने में क्या हर्ज है, उसके बाद अस्पताल में चक्कर लगा लीजिए।

शुक्लाइन : नहीं-नहीं—ये नहीं हो सकता!

हेमन्त : ईश्वर करे ऐसा नहीं हो—ओफ् बेचारे शुक्ला जी—सुनिए, आपने तो उन्हें कुछ नहीं कहा है?

शुक्लाइन : हयँ मैंने, हाँ-हाँ, मैं ही उनसे कुछ कह बैठी थी। मुझे ही कुछ ज्यादा गुस्सा आ गया था।

हेमन्त : ओफ्...ये सब कुछ आपने पहले क्यों नहीं बताया? मैं भी तो कहूँ आखिर बात क्या है—वो आपका नाम लेते ही फिर एकदम बेहोश क्यों हो गये? खैर—आपका निजी मामला है—मुझे क्या—जाइए ढूँढ़िए—शायद कहीं मिल जायें।

शुक्लाइन : भाई साहब—मैं अकेली कहाँ ढूँढूँगी? आप ही ज़रा मेरे साथ चले चलिए।

हेमन्त : मैं—मगर...

शुक्लाइन : मुझे आता देख वो फिर तेजी से भागने लगे तो...?

हेमन्त : हाँ, ये तो हो सकता है—वो समझेंगे आप गुस्से में जरूर पकड़ने आ रहीं हैं।

शुक्लाइन : भाई साहब, मैं वायदा करती हूँ, अब उन पर कभी गुस्सा नहीं करूँगी, आप ज़रा मेरे साथ चले चलिए।

हेमन्त : देखिए मिसेज़ शुक्ला, मैं आप लोगों के जाती मामले में नहीं पड़ूँ तो अच्छा ही है—क्योंकि फिर कहीं आपको गुस्सा आ गया, और इधर मैंने शुक्ला जी को अपनी तरफ से आश्वासन दे दिया, तो बात हल्की हो जायेगी।

शुक्लाइन : नहीं-नहीं, बिलकुल नहीं होगी, मैं विश्वास दिलाती हूँ।

हेमन्त : सोच लीजिए मिसेज़ शुक्ला, मेरा तो खयाल है जाने ही दीजिए उन्हें, रोज-रोज का झगड़ा ठहरा...।

शुक्लाइन : अरे भाई साहब, क्या कह रहे हैं आप? उनके बगैर तो मैं बरबाद हो जाऊँगी—चलिए जल्दी कर लीजिए।

हेमन्त : तो आपने पक्का फैसला कर लिया है, झगड़ा न करने का?

शुक्लाइन : हाँ, बिल्कुल पक्का।

हेमन्त : ठीक है, तो फिर अब आप जाइए।

शुक्लाइन : हयँ, कहाँ?

हेमन्त : घर।

शुक्लाइन : घर—मगर मिस्टर शुक्ला...?

हेमन्त : वो शायद अब तक पहुँच चुके होंगे।

शुक्लाइन : क्या?

हेमन्त : हाँ, मैंने आपकी तरफ से उन्हें ये विश्वास दिला दिया था कि आप अब उन पर गुस्सा नहीं करेंगी।

शुक्लाइन : सच, मुझसे बगैर पूछे—ओफ़् आप कितने अच्छे हैं—आपने ये सब करके मुझ पर कितना बड़ा उपकार किया है! मुझे जल्दी से घर जाना चाहिए—उनको शायद काफी चोट लग गयी है—हाँ फौरन ही देखना चाहिए—भाई साहब, बहुत-बहुत शुक्रिया।

हेमन्त : मिसेज़ शुक्ला, सुनिए तो जरा।

शुक्लाइन : (**लौट कर आती है।**) कहिए!

हेमन्त : ये आपका—बेलन...।

शुक्लाइन : नहीं, इसे यहीं रहने दीजिए, इसे मेरे हाथ में देखकर फिर कहीं वो...बेहोश न हो जाएँ...इसे मैं फिर ले लूँगी...

(**चली जाती है।**)

हेमन्त : आ जाइए शुक्ला जी, वो चली गयी—मैंने उन्हें ठीक से समझा दिया है। अब वो आपसे झगड़ा नहीं करेंगी।

शुक्ला : सच—बहुत-बहुत धन्यवाद भाई साहब—बहुत-बहुत—अब मैं चलता हूँ—नमस्कार।

हेमन्त : नमस्कार!

शुक्ला का प्रस्थान। हेमन्त मुस्कराता है, फिर ड्रेसिंग टेबिल में से सौक्स, टाई, हैंकी निकालने जाता है—उसी के साथ चाबी का गुच्छा भी दिखाई दे जाता है—जिसे निकाल खुशी से उछल पड़ता है।

हेमन्त : ओ, तो मैडम की सेफ की चाबियाँ भी आज यहाँ हैं—गुड लक—(**चाबियों को उछाल कर लपकता है**) अय सोलोमन के खजाने की चाबियो—मैं तुम्हें पा कर बहुत खुश हुआ हूँ—आज तुम्हारे जरिए जो खजाना मुझे हासिल होगा, वो बेशकीमती होगा—(**चाबियों को चूम लेता है।**) हमें चैलेंज किया गया, हमारी इल्तजा को ठुकराया गया—मगर हमने कहा था न—हम उसे पाताल से भी निकाल लायेंगे—लाइए, मैडम अब आप एक प्रेजेण्ट के बजाय दो का राज़ इन्तजाम कर लीजिए—क्योंकि आपके इस प्रेजेण्ट का अब हमें मालूम हो गया है—आपकी पर्सनल सेफ खुली नहीं, कि प्रेजेण्ट हमारे हाथ में।

(अन्दर के कमरे की ओर जाता है। एक पैकिट निकाल कर लाता है, जिसे दर्शकों के सामने खोलता है—एक कवर खोलता है—फिर दूसरा खोलता है, फिर तीसरा—)

हेमन्त : क्या मजाक है? प्रेजेण्ट है या सात तालों में बन्द नौलखा हार! क्या पैकिंग की है—(**फिर एक सन्दूकची निकालता है।**) हूँ—तो इस वुडन बॉक्स में रखा गया है (**खोलता है**) हयँ—कागजों का एक बण्डल—इस तरह पैक्ड, कमाल है—!

(बण्डल को खोलता है—उसमें से एक चिट्ठी निकाल कर पढ़ता है फिर दूसरी—धीरे-धीरे चेहरा गम्भीर होता जाता है। पाली के आने की आहट सुनाई देती है—सब-कुछ एक साथ इकट्ठा कर टेबिल के नीचे छिपा देता है। पाली पीछे के प्रवेश द्वार से प्रवेश करती है)

पाली : लो, मैं आ गयी...।

हेमन्त : **(बिना उत्तर दिए कुर्सी पर बैठा रहता है।)**

पाली : सुना आपने, मैंने कहा, मैं आ गयी हूँ।

हेमन्त : अच्छा–अच्छा–।

पाली : तुम कुछ सोच रहे हो क्या?

हेमन्त : नहीं, बस ऐसे ही।

पाली : अच्छा बताओ, कैसी लगती है ये साड़ी?

हेमन्त : अच्छी है–।

पाली : सिर्फ अच्छी, नो-नो-नो ये कोई कमेण्ट्स नहीं हुए, आवाज दिल से आनी चाहिए–ठीक-ठीक बताओ न?

हेमन्त : कहा तो अच्छी है।

पाली : इतना काफी नहीं है।

हेमन्त : बहुत अच्छी है।

पाली : नहीं, ये अच्छी नहीं है, मैं इसे बदल देती हूँ **(दरवाजे तक जाती है–रुक जाती है।)** क्या खयाल है तुम्हारा?

हेमन्त : ठीक है–एज यू लाइक।

पाली : क्या–एज आई लाइक **(निकट आते हुए)** सुनो–तुम नाराज हो?

हेमन्त : नहीं तो।

पाली : कहो हाँ–हाँ, तुम्हें ये साड़ी पसन्द नहीं हो तो मैं दूसरी पहन लेती हूँ।

हेमन्त : **(चुप रहता है।)**

पाली : तुमने कुछ जवाब नहीं दिया।

हेमन्त : तुम्हारी मरजी है।

पाली : क्या? तुम नाराज हो मुझसे ?

हेमन्त : नाराजगी की क्या बात है इसमें!

पाली : कुछ बात तो है–न बताना चाहो तो बात दूसरी है–अभी तक तो ठीक है–लेकिन सुनो तुम्हारी तबियत तो ठीक है न?

हेमन्त : हाँ-हाँ, अभी तक बिल्कुल ठीक है।

पाली : अभी तक? शायद मूड ठीक नहीं!

हेमन्त : ओह, सब ठीकठाक है–ईश्वर के लिए मुझे अकेला छोड़ दो।

पाली : **(आश्चर्य से)** क्या–अकेला...? **(गम्भीर हो जाती है।)** मगर मैं तुम्हें

अकेला नहीं छोड़ सकती।

हेमन्त : कोई किसी के साथ नहीं होता—सब अकेले चलते हैं।

पाली : मैं नहीं चल सकती।

हेमन्त : ओह, स्टाप ऑल दिस।

पाली : नहीं, जब तक तुम नहीं बताओगे, मैं खामोश नहीं रह सकती।

हेमन्त : क्या बताऊँ?

पाली : मुझसे कोई भूल हुई है?

हेमन्त : नहीं।

पाली : नेगलीजेन्स?

हेमन्त : नहीं।

पाली : तब इतना सीरियस नहीं हुआ जा सकता।

हेमन्त : क्यों, कभी-कभी मूड नहीं होता कुछ भी बात करने का।

पाली : नहीं होता होगा, मगर मैं इस मूड को इस वक्त अफोर्ड नहीं कर सकती—क्योंकि आज का दिन...।

हेमन्त : ये सब सेण्टीमेण्टल बाते हैं।

पाली : **(आश्चर्य से)** क्या? **(पाज)** हाँ—सेण्टीमेण्टल, सिवाय इनके और आदमी के पास अपना क्या होता है?

हेमन्त : वो सब रेत के महल हैं जो कभी भी गिर सकते हैं।

पाली : उन्हें फिर बनाया जा सकता है—उम्मीद जब तक है सब कुछ मुमकिन है। इन्सान से भावनाओं को हटा दिया जाये तो वो कुछ भी नहीं रहता। सिर्फ इन्सान का मात्र रूप लेकर धरती पर चल रहा होता है—जैसे कोई मशीन।

हेमन्त : एक बात बताओगी?

पाली : पूछो।

हेमन्त : क्या तुम वास्तव में मुझसे प्यार करती हो?

पाली : **(जोर से हँसती है।)** क्या फिल्मी प्रश्न है...!

हेमन्त : बात को घुमाओ नहीं, सीधा जवाब दो।

पाली : ये आज तुम्हें हो क्या गया है?

हेमन्त : तुम कुछ भी समझ सकती हो।

पाली : अच्छा, तुम बताओ—तुम्हें क्या लगता है?

हेमन्त : सवाल मैं तुमसे पूछ रहा हूँ।

पाली : मैं जवाब देने से इनकार कर दूँ तो?

हेमन्त : मुझे कोई फर्क नहीं पड़ेगा।

पाली : जानते हो क्यों कहा है मैंने ऐसा?

हेमन्त : नहीं।

पाली : क्योंकि शादी के इतने सालों बाद कोई खाविन्द कभी अपनी बीवी से ये सवाल नहीं करता।

हेमन्त : क्यों?

पाली : क्योंकि इतने लम्बे अरसे में वो जवाब उसे मिल चुका होता है।

हेमन्त : अगर न मिला हो तो?

पाली : तो जरूर ये दोनों की ही बदनसीबी है। (**व्यंग्यात्मक**) मियाँ-बीबी, हूँ—दो अजनबी।

हेमन्त : मैंने सवाल का जवाब माँगा है।

पाली : वो सवाल अब इतना अहम नहीं है।

हेमन्त : क्यों?

पाली : क्योंकि उसका वक्त अब गुज़र चुका है।

हेमन्त : नहीं, वक्त है, अभी इसी वक्त।

पाली : जवाब दे दिया है।

हेमन्त : तुम जवाब देने से इनकार कर रही हो।

पाली : वही मेरा जवाब है।

हेमन्त : पाली--मुझे जवाब चाहिए।

पाली : मैं नहीं दे सकती हेमन्त; क्योंकि तुम्हारा ये सवाल बेहूदा है। (**रोने लगती है।**) कोई भी प्यार करने वाला, शायद कभी ये नहीं बता सकता, वो कब, किससे, कहाँ, कितना प्यार करता है। वो करता है—बस करता है।

हेमन्त : न करता हो तो?

पाली : ओफ हेमन्त, मत करो ऐसी बातें—तुम ये अच्छी तरह जानते हो—हम दोनों ही इन सवालों की सीमा को लाँघ गये हैं—इन सवालों के लिए अब हमारे पास कोई जगह नहीं।

हेमन्त : जगह है।

पाली : क्या...जगह...है—ठीक है तो पूछो, मैं जवाब दूँगी।

हेमन्त : क्या तुम मुझसे प्यार करती हो?

पाली : न...हीं...।

हेमन्त : **(आश्चर्य से)** पा...ली...!

पाली : हाँ।

हेमन्त : तो ये सब...?

पाली : तुम्हारे बच्चों में बँट गया है।

हेमन्त : गलत है ये...।

पाली : यहाँ तुम एक माँ के प्यार को चुनौती दे रहे हो।

हेमन्त : नहीं बल्कि एक बीवी अपने बच्चों का सहारा ले कर अपने खाविन्द को धोखा देने की कोशिश कर रही हैं।

पाली : **(जोर से)** हे-म-न्त...!

हेमन्त : ये सच है।

पाली : क्या सबूत है तुम्हारे पास?

हेमन्त : सबूत **(खत आगे करता है)** लो, देख लो इन्हें।

(पाली खतों को देखती है)

शायद तुम्हारे नहीं हैं ये?

पाली : जरूर ये मेरे ही हैं।

हेमन्त : क्या जो इनमें लिखा है सब सच है?

पाली : ...हाँ...।

हेमन्त : **(आश्चर्य से)** क्या...?

पाली : बिल्कुल सच...।

हेमन्त : **(व्यंग्यात्मक ढंग से)** अब प्यार के बारे में तुम्हारी क्या परिभाषा है, वफादार बीवी, बच्चों से प्यार! इन खतों से ये साफ जाहिर हो जाता है, न तुम एक वफादार बीवी हो, न माँ...!

पाली : ये खत बहुत पुराने हैं।

हेमन्त : ओह! तो पुरानी जिन्दगी से आदमी का कोई ताल्लुक नहीं होता, वो गलतियाँ करता जाये, लोग पुरानी समझ उन्हें भूलते चले जाएँ, क्यों?

पाली : वो सब कॉलिज के जमाने की बातें हैं। एक ऐसा जमाना जब इन्सान की आँखें शायद बन्द रहती हैं, कदम तेजी से भाग रहे होते हैं।

हेमन्त : गलत है ये, कोई भी गलती इन्सान की 'इण्डीविजुअल' जिम्मेदारी है। वो इसे थोपता हमेशा सोसाइटी व इण्टीट्यूशन पर रहता है, जिसकी वो बिल्कुल जिम्मेदार नहीं होती। फिर करेक्टर हर शख्स का अपना होता है, वह चाहे जब उसे बाहर फेंक सकता है और चाहे तो तमाम जिन्दगी सँभाल कर रख सकता है।

पाली : हेमन्त, जरा समझो, किन्हीं परिस्थितियों में कभी-कभी आदमी सही फैसले नहीं ले पाता, फिर वो एज कुछ इसी तरह की होती है। अपनी भूल को जब मैं कभी याद करती हूँ तो मेरा शरीर, सभी कुछ टूटता नजर आता है। मैं अपने को निर्जीव महसूस करने लगती हूँ, जैसे हर वक्त किसी भारी गुनाह के कठघरे में खड़ी हूँ, एक मुजरिम...तुमसे विवाह होने से पहले कई बार मेरे मन में आया था, मैं क्यों न तिल-तिल अपने को जलाते रहने के इस खेल को एकदम समाप्त कर दूँ और कई बार मैंने ऐसे निर्णय भी ले लिए। मगर मौत के दरवाजे पर जाते ही, जैसे पीछे से कोई मुझे आवाज लगा देता, उसकी कहीं दूर से आ रही आवाज मुझे साफ सुनाई देने लगती—मैं सोचने लगती, शायद यह आवाज ही एक सत्य है, जिन्दगी है तो भूलें भी हो सकती हैं। जिन्दगी न रही तो भूलें कहाँ से होंगी। भूल सुधारी जा सकती है। जिन्दगी शायद फिर हासिल नहीं की जा सकती। और मेरे कदम उस दरवाजे से फिर वापिस मुड़ गये। फिर तुम मेरे जीवन में आये। मेरे खाली दामन में दुनिया-भर की खुशियाँ डाल उसके हर खाली कोने को अपने प्यार से तुमने भर दिया। मुझे हौसला मिला और एक विश्वास मिला। मैंने दृढ़ निश्चय किया कि मैं अपनी उस भूल को सुधारूँगी। इस घर के हर कोने को प्यार से भर दूँगी। मेरा सपना साकार हुआ।

हेमन्त : तुमने मुझे यह सब पहले क्यों नहीं बताया?

पाली : बताने के बाद शायद मैं हमेशा अपने को 'गिल्टी' महसूस करती।

हेमन्त : क्या अब तुम गिल्टी नहीं हो?

पाली : जरूर! मगर अब मैंने इन कुछ वर्षों में जीवन के तमाम सुखों को भोग लिया है। अपने खोये विश्वास को फिर से पा लिया है। हर भूल सुध ार ली है। अब मैं महसूस करती हूँ—जिन्दगी है, तो हर भूल सुधर सकती है। उसके हर हिस्से में इतने मोड़ छिपे हैं कि मौत लाख हाथ-पाँव मारे, उसका कुछ नहीं बिगाड़ सकती। बस, आदमी सिर्फ

इन मोड़ों पर मुड़ता जाये, जिन्दगी फिर दौड़ने लगती है।

हेमन्त : मगर मैं ऐसा नहीं सोच रहा—क्योंकि मैं एक खाविन्द हूँ। मुझे जब-जब भी यह खयाल आयेगा, मेरी बीवी मुझसे पहले...ओफ —ये नामुमकिन है!

पाली : मैं मानती हूँ, मगर सोचो—हमारा घर है, बच्चे हैं। इस घर का हर कोना खुशियों से भरा हुआ है। हम दोनों को ही एक-दूसरे की जरूरत है। हमारे बच्चों को हम दोनों की जरूरत है।

हेमन्त : हाँ, मैं वो सब जानता हूँ।

पाली : फिर भी तुम इस चमन को उजाड़ देना चाहते हो—देखो, आसपास हमारी कितनी इज्जत है। हम एक आदर्श दम्पति माने जाते हैं।

हेमन्त : हूँ—आदर्श दम्पति—बेचारे लोग!

पाली : आखिर तुम चाहते क्या हो?

हेमन्त : कुछ नहीं, मैं सिर्फ अपने आपको उन सायों से बचा लेना चाहता हूँ, जिन्हें अपने चारों तरफ देख मैं उनसे डरता रहूँ। बस...।

पाली : क्या...?

हेमन्त : हाँ, तुम्हें यह घर छोड़ देना होगा!

पाली : नहीं-नहीं, ऐसा मत कहो।

हेमन्त : मैं यह वायदा करता हूँ—तुम्हें किसी किस्म के खर्चे वगैरा की कभी कोई तकलीफ नहीं होगी—तुम जहाँ कहोगी, बराबर भेजता रहूँगा।

पाली : और बच्चे?

हेमन्त : मैं उन्हें भी उन सायों से जरूर बचाने की कोशिश करूँगा।

पाली : हेमन्त, तुम्हें अपने फैसले पर एक बार फिर सोचना चाहिए।

हेमन्त : क्या सोचना चाहिए—यही कि अपनी पत्नी जो उसकी पत्नी नहीं, पत्नी बनी रहे...तुम जानती हो, पत्नी, पति की एक व्यक्तिगत सम्पत्ति होती है, उसे सार्वजनिक नहीं बनाया जा सकता।

पाली : हूँ—पत्नी व्यक्तिगत सम्पत्ति पुरुष की—जानते हो, मुझे सार्वजनिक बना देने वाला भी तुम्हारी पुरुष जाति का ही एक पुरुष था, जिसने कभी साहित्य के लम्बे-चौड़े व्याख्यानों से मुझे छला है, मेरी भावनाओं से खिलवाड़ किया है। क्या तमाशा है, एक ने प्यार का सहारा लेकर मुझे लूटा, दूसरा मेरे लुट जाने के अपराध में मुझे लूट लेना चाहता है! मगर मैं तो लुटी की लुटी रह गयी-क्यों? (**फूट पड़ती है**।)

(तभी नरेश फोटोग्राफर कैमरा ले, प्रवेश करता है और दरवाजे पर खड़ा हो, रोती हुई पाली के फोटो लेने शुरू कर देता है।)

नरेश : गुड, वैरी गुड, हँसिए, जोर-जोर से हँसिए। **(रुक जाता है)** हयँ–ये क्या, आप तो रो रही हैं–मैंने तो फोटो भी ले लिया लो सब उल्टा–मैंने सोचा था 'सरप्राइजिंगली एण्ट्री' लूँगा–आप दोनों खुश होंगे–हँस रहे होंगे–मैं कैमरा क्लिक कर दूँगा–मगर यहाँ तो सब गड़बड़–मैंने कहा–नमस्ते भाभी!

पाली : **(आसूँ रोककर हँसने का प्रयास करती है)** न-म-स्ते...

नरेश : यह क्या भाभी, अच्छा पहले यह बताइए कि आप हँस रही हैं या रो रही हैं–या दोनों का संगम है–सॉरी भाई साहब, आज एक लम्बी उदासी आपके चेहरे पर छायी हुई है–क्यों? भाई, आज तो खुशी का दिन है–आप दोनो को हँसना चाहिए।

हेमन्त : हाँ–हाँ–क्यों नहीं, जरूर-जरूर।

नरेश : जरूर–तो फिर खुश होइए।

हेमन्त : हम लोग बिलकुल खुश हैं।

नरेश : ओः, तो शायद मैं ही रोता हुआ आ रहा हूँ। क्या किया जाये, कसूर इस सूरत का है।

हेमन्त : नहीं, नहीं, ऐसा बात नहीं।

नरेश : देखिए भाई साहब, दोनों में से एक बात तो है ही। या तो मैं रो रहा हूँ या आप लोग। सुनिए, कहीं आप लोगों ने...? **(घूँसे हवा में घुमाता है।)**

हेमन्त : **(हँसता है)** नहीं–ऐसा बिलकुल नहीं।

नरेश : हाँ, मैं भी तो कहूँ–आप लोग, और ये 'थर्ड डिग्री' का मेथड, इम्पोसिबल–। चलिए, दोनों जल्दी से खुश हो जाइए। एक 'शॉट' लेना है–चलिए भाभी, पहले एक 'इण्डीविजुअल शॉट' आपका हो जाये चलिए, देखिए, इधर, अरे-अरे–शरमाइए नहीं–आपको याद रखना चाहिए–आज आपकी शादी की साल गिरह है–'ए मोस्ट इम्पोर्टेण्ट डे आफ योर मैरीड लाइफ'–

(पाली फूट पड़ती है।)

नरेश : अरे-अरे—यह क्या भाभी, आप रो रही हैं?

पाली : (आँसू रोकने का प्रयास करती हुई) नहीं-नहीं, मैं बिलकुल नहीं रो रही।

नरेश : झुठ, बिलकुल झूठ! मैं एक वक्त को भले ही धोखा खा सकता हूं—मगर मेरा यह कैमरा कभी धोखा नहीं खा सकता—यह बटन के दबते ही वही बन जाता है—जो आप हैं—भाभी, कैमरे के शीशे से कुछ भी छिपाना बहुत ही मुश्किल है। सच बताइए, आप रो रही थीं न?

पाली : हाँ, **(रोने लगती है)**

नरेश : मगर क्यों—कुछ बताइए तो?

पाली : कुछ नहीं, नरेश—वो बच्चों की जरा याद आ गयी थी।

नरेश : **(जोर से ठहाका मार कर हँसता है)**—अरे, इसमें रोने की क्या बात है, बच्चे कोई गुम तो नहीं गये—बोर्डिंग हाउस में हैं, छुट्टियाँ होने पर आ ही जाएँगे—वाह भाभी वाह—!

हेमन्त : मैं भी यही कह रहा हूँ—। मगर भाई—

नरेश : हाँ, वो तो जानता हूँ—मदरहुड इज आफ्टर आल मदरहुड मोस्ट पावरफुल ह्यूमीनिटी फीलिंग्स—क्यों—ऐनी वे—हौसला कीजिए—चलिए—मुस्कराइए—नहीं तो जोर से ठहाका मार कर हँस डालिए—जैसे अभी मैं हँसा था—ठहरिए, फिर बताता हूँ—

(नरेश ठहाका मार कर जोर से हँसता है—उसी की हँसी के साथ-साथ पाली और हेमन्त को भी हँसी आ जाती है।)

नरेश : हाँ, ये हुई न बात **(कैमरा ठीक करता है)** चलिए दीजिए वही मेरे वाला 'लाफ्टर' वन, टू, थ्री।

(खुद हँसता है, पाली हेमन्त खामोश खड़े रहते हैं।)

अयँ—मैं गला फाड़-फाड़कर हँसे जा रहा हूँ—आप लोग दोनों चुप हैं—क्या आप दोनों बजाय अपना फोटो देने के मेरा फोटो खींचने की कोशिश कर रहे हैं?

(दोनों हँसी रोकने का प्रयास करते हैं।)

नरेश : हाँ ठीक है—ठीक, ये स्माइल चलेगा—होल्ड—**(कैमरा ठीक करता है—दोनों के चेहरे फिर उदास हो जाते हैं—कैमरे के लेन्स में देखता है—नजदीक आता है।)**

नरेश : **(चिढ़ते हुए)** अरे साहब, क्या आप लोगों को ये भी बताना होगा कि आप लोग हस्बैण्ड-वाइफ हैं—एक गाड़ी के दो पहिये—और आज आपकी शादी की सालगिरह है—चलिए एक-दूसरे से सट कर खड़े हो जाइए। **(दोनों को नजदीक कर देता है—कैमरे में दूर जाकर देखता है—एंगल सेट करता है।)**

नरेश : येस-येस स्माइल—दोनों स्माइल—महसूस कीजिए, आप दोनों एक-दूसरे से इन्तहा मोहोब्बत करते हैं—याद कीजिए आपने क्या-क्या वायदे किये थे—डाल दीजिए आँखों में आँखें और मुस्करा दीजिए—हाँ भाभी—स्माइल—कातिलाना स्माइल, येस—रेडी। **(लेन्सिस में देखता है, फिर मुँह हटा लेता है—पाली के नजदीक जाता है—लौट कर आता है।)**

नरेश : हूँ—मैं भी तो कहूँ—आखिर माजरा क्या है—ये भाभी रो रही हैं या मेरा कैमरा—मैं तो एक बार चक्कर में ही पड़ गया, मगर कैमरा कैसे रो सकता है। **(हेमन्त की ओर जाता है)** और भाई साहब, आपको क्या हुआ है?

हेमन्त : कुछ नहीं, मैं बिलकुल ठीक हूँ।

नरेश : क्या ठीक हैं आप, माना इन्हें तो बच्चों की याद आ रही है, पोज नहीं दे पा रहीं, आपको क्या हुआ है? क्या आपको भी अपने पापा की याद आ रही है?

हेमन्त : नहीं-नहीं, ऐसा बिलकुल नहीं।

नरेश : तो फिर रोनी सूरत क्यों बना रखी है? देखिए, मेरे पास कोई स्पेशल कैमरा तो है नहीं जिससे आप रोएँगे तो मैं हँसता हुआ फोटो खीच लूँ—वही सिम्पल-सा कैमरा है—वही करेगा जो आप होंगे—प्लीज हेल्प मी—प्लीज!

(दूर जाता है—फिर मायूस होते हुए ऐंगिल सेट करता है।)

नरेश : आल होपलेस—अरे खुदा के बन्दो, जरा-सा मुस्करा भर देने से क्या तुम पर क़हर टूट पड़ेगा—तो फिर हँसते क्यों नहीं हो?

(दूर जाकर फिर लेंस में देखता है—गुस्से से लौट कर आता है—कैमरा हेमन्त के हाथ में थमाता है।)

नरेश : लीजिए इसे—और दबा दीजिए इस बटन को।

हेमन्त : ये क्या...?

नरेश : क्या करूँ फिर, आप लोग अगर नहीं हँसेंगे तो मैं खुद हँस लेता हूँ—आप मेरा ही फोटो खींच डालिए।

हेमन्त : उससे क्या फायदा?

नरेश : अब कुछ तो करना ही पड़ेगा—अपना हँसने वाला धड़ ले कर आपके नीचे वाले धड़ से जोड़ दूँगा—दिखाई आप देंगे—हँस मैं रहा हूँगा—भले लोगो, तुमने आज सोचा क्या है—क्या मेरे खिलाफ कोई यूनियन खड़ी करनी चाहते हो?

हेमन्त : नहीं-नहीं, ऐसा बिलकुल नहीं।

नरेश : ऐसा नहीं तो फिर कैसा है—घण्टा-भर हो गया एक शॉट के लिए झक मारते, दोनों में से एक भी कोपरेट नहीं कर रहा—कहीं ऐसा तो नहीं कि मैं बगैर बुलाये आ गया हूँ—इसलिए तुम फोटो नहीं खिंचवाना चाहते हो?

हेमन्त : क्या कहते हो—नरेश भाई?

नरेश : तो फिर ये 'स्टेप-मदरली ट्रीटमेण्ट' क्यों कर रहे हो—एनी वे, फिलहाल ये प्रोग्राम पोस्टपोण्ड, मुझे कहीं और पहुँचना है। शाम को पार्टी के टाइम फिर आऊँगा—अगर उस वक्त आप लोगों ने गड़बड़ की तो सब को बता दूँगा, आप लोग अपनी शादी की वर्षगाँठ रो-रोकर मनाते हैं, आपके साथ सब रोयें। थैंक यू—नमस्ते भाभी—**(दोनों हाथ जोड़ता है।)**

(कैमरा लेकर चला जाता है—पाली हेमन्त कुछ समय मौन रहते हैं।)

पाली : ये घर मुझे कब छोड़ देना होगा?

हेमन्त : जितनी जल्दी हो सके।

पाली : ठीक है, मैं अभी जा रही हूँ।

हेमन्त : बेहतर होगा तुम पार्टी के बाद जाओ।

पाली : क्यों?

हेमन्त : लोगों के बहुत-से सवालों से बचा जा सकता है, फिर ये मामला सिर्फ मुझसे और तुमसे ताल्लुक रखता है, बाकी लोग क्यों तमाशा देखें।

पाली : आज नहीं तो कल, लोगों को मालूम हो ही जायेगा।

हेमन्त : कल की कल देखी जायेगी—फिलहाल सवाल अब का है—घर की

इज्जत का।

पाली : घर की इज्जत, किसका घर, मेरा या तुम्हारा, तुम्हारे घर की इज्जत के बारे में सोचना मेरी कोई जिम्मेदारी नहीं।

हेमन्त : बात घर से ही नहीं, तुमसे भी ताल्लुक रखती है।

पाली : मुझसे?

हेमन्त : हाँ, मेरा कोई हल्का जवाब तुम्हारी इमेज को खराब कर सकता है।

पाली : मेरी इमेज जो रही ही नहीं, क्या खराब होगी, हाँ, तुम्हारा जरूर खराब हो सकता है, लोग सवाल तुमसे करेंगे, जवाब तुम्हें देना होगा।

हेमन्त : जो कुछ भी होगा, मैं उसका मुकाबला करूँगा।

पाली : नहीं, तुम्हारी इमेज रहनी चाहिए—क्योंकि तुम मेरे बच्चों के बाप हो—तुम्हीं से उनकी इमेज बनती है, तुम्हारी नाम से नाम जुड़ता है। मैं कौन हूँ, सिर्फ एक माँ ही तो हूँ—जो सिर्फ बच्चों को जन्म देने की हकदार है सिर्फ जन्म देने भर की...बस...**(गला भर आता है)** ठीक है, मैं पार्टी के बाद चली जाऊँगी—

(प्रकाश माध्यम)

दृश्य - 2

प्रकाश फैलता है। पार्टी का दृश्य।

हेमन्त, पाली मेहमानों का स्वागत कर रहे हैं—उसी समय मिस्टर सपरे, मेहमानों के बीच से निकल कुछ बोलना आरम्भ करते हैं।

सपरे : लेडीज एण्ड जेण्टलमेन—अपने अजीज मिस्टर-मिसिज हेमन्त माथुर को मैं उनकी इस 'वैडिंग एनीवर्सरी' पर सबसे पहले तो मुबारकबाद पेश करता हूँ, उसके बाद यह अर्ज करना चाहता हूँ कि मिस्टर-मिसिज हेमन्त, जो इस कालोनी में एक 'आइडियल कपल' माने जाते हैं, मिस्टर माथुर यह बतायें कि उनकी इस कामयाब फैमिली लाइफ का राज़ क्या है? उम्मीद है इस खुशी के मौके पर वो हमें निराश नहीं करेंगे—तो—मिस्टर हेमन्त माथुर— गिव हिम ए बिग हैण्ड। यस गिव हिम ए बिग हैण्ड।

(जब तालियाँ बजाते हैं।)

हेमन्त : दोस्तो—हम लोगों की इस 'फैमिली लाइफ' का कोई खास सीक्रेट (secret) नहीं है—इसमें सबसे बड़ी बात, हम दोनों का एक-दूसरे के प्रति विश्वास ही है—एक 'अण्डरस्टैंडिंग'—बगैर अण्डरस्टैंडिंग (understanding) के कोई भी मैरीड लाइफ कभी कामयाब नहीं कही जा सकती। बस, हम एक-दूसरे की इज्जत करते हैं और छोटी-छोटी बातों को मान-आपमान का प्रश्न नहीं होने देते।

(पाली को देख कर सकपकाता है।)

पाली में वो सब खूबियाँ हैं—वो एक वफादार बीवी, एक काबिल माँ और एक सच्ची जीवन-साथी जरूर रही है। औरत, जिसे आप-हम घर की लक्ष्मी कहते हैं अगर हम पुरुष उसका थोड़ा भी साथ दे दें, तो जरूर वो किसी भी घर को खुशियों से भर देती है.

..

तो बस मैं यही कहना चाहूँगा, हम लोगों की कामयाबी का राज एक-दूसरे की इज्जत करना ही है, जिसमें अपने अहम् को निकाल देना बहुत जरूरी होता है–

(सब तालियाँ बजाते हैं।)

हेमन्त : मेरा ख्याल है आप लोग अब Dinning Room की तरफ जरूर चलना चाहेंगे–तो you are welcome for the dinner.

(सब अन्दर वाले गेट की ओर जाने लगते हैं। नरेश, कैमरा मैन, अपना कैमरा लिये अभी तक कुछ परेशान लग रहा है। वो कभी हेमन्त तो कभी पाली की तरफ देख रहा है। अब किसी तरह भी फोटो लेने में सफल नहीं हो पाता तो मिस्टर-मिसिज शुक्ला को ही रोक लेता है और उनके फोटो खींच कर Dinning Room की तरफ चला जाता है। सब लोग जा चुके हैं, पाली अभी तक उसी स्थान पर खड़ी है, जो किसी गहरी विचारधारा में खोयी है। धीरे-धीरे मंच के आगे की ओर आने लगती है।)

पाली : हूँ...विश्वास...झूठ, गलत...सब किताबी बातें–कहीं कोई विश्वास नहीं है...सब एक छल है–धोखा–किस तरह इन्सान को नकली मुखौटा लगाये रखना होता है, अगर वो उस नकली मुखौटे को उतार डाले तो–तो–शायद–उसका असली चेहरा बाहर आ जायेगा, जिसे देख कर–लोग–डर जायेंगे–(जोर से चीखती है) नहीं–सब झूठ है, सब आडम्बर ...मैं...पाली, कोई वफादार बीवी नहीं हूँ...कोई काबिल माँ नहीं हूँ...मैं सिर्फ एक छल हूँ–धोखा–एक भूल, जिसे कहीं भी, कभी भी क्षमा नहीं किया जा सकता **(फूट पड़ती है)** मगर क्यों? क्यों होता है–ऐसा–क्यों लुटती हूँ मैं ही हर बार–हर जगह–कदम-कदम पर–नहीं–नहीं– ना मैं माँ हूँ–ना पत्नी...ना बहन–ना बेटी–मैं सिर्फ एक टूटा खिलौना हूँ–टूटा खिलौना–जिसे मात्र सड़क पर फेंक दिया जाता है...क्यों फेंक दिया जाता है मुझे...**(जोर से रो पड़ती है।)**

(प्रकाश मध्यम)

दृश्य - 3

प्रकाश फैलता है। पार्टी समाप्त हो चुकी है–सारा घर अस्त-व्यस्त-सा दिखाई दे रहा है। हेमन्त एक कुर्सी पर बैठा किसी गम्भीर विचारधारा में खोया हुआ है। तभी शुक्ला जी प्रवेश करते हैं।

शुक्ला : वाह भाई साहब, मान गया आपको–क्या जादू किया है आपने शुक्लाइन पर, वो तो एकदम बदल गयी, बस आप सिर्फ इतना और बता दें कि आगे मुझे क्या करना चाहिए, जिससे वो गड़बड़ न कर सके।

हेमन्त : देखिए शुक्ला जी, इस वक्त मैं थोड़ा परेशानी में हूँ। आप फिर किसी वक्त आ जाइए।

शुक्ला : अजी भाई साहब, वक्त किसके पास है आजकल, फिर मैं ज्यादा वक्त नहीं लूँगा।

हेमन्त : नहीं, ऐसी कोई बात नहीं है। दरअसल मेरी तबियत...

शुक्ला : मैं समझता हूँ, पार्टी की वजह से आप लोग काफी थक भी गये होंगे। तभी तो मैंने कहा–मैं ज्यादा वक्त नहीं लूँगा–बस एक-दो बात ही पूछूँगा।

हेमन्त : पूछिए।

शुक्ला : सबसे पहले तो आप यह बतायें कि आपकी ये 'लव मेरिज' हुई थी या...?

हेमन्त : दोनों ही समझ लीजिए।

शुक्ला : हूँ...यह शादी हुई कैसे?

हेमन्त : जैसे सबकी होती है।

शुक्ला : नहीं, नहीं–मेरा मतलब है आप लोग मिले कैसे?

हेमन्त : एक दिन आँख बन्द करे चला जा रहा था।

शुक्ला : फिर...?

हेमन्त : टकरा गया...

शुक्ला : टकरा गए?

हेमन्त : हाथ पकड़ लिया, मंजिल समझ ली, चल दिया।

शुक्ला : आँखें बन्द करके चलना, पकड़ना, मंजिल, क्यों भाई साहब, उस वक्त आप किसी और चीज से टकरा जाते तो?

हेमन्त : किसी और चीज...?

शुक्ला : समझ लीजिए किसी खम्भे से।

हेमन्त : तो टकरा जाता।

शुक्ला : मगर इसमें तो करण्ट होता है।

हेमन्त : पकड़ लेता।

शुक्ला : तब क्या करते?

हेमन्त : खम्भे से चिपका होता।

शुक्ला : हैं—क्या?

हेमन्त : मर गया होता।

शुक्ला : नहीं, नहीं, नहीं—खैर, आगे?

हेमन्त : चला।

शुक्ला : चले?

हेमन्त : एक दुकान?

शुक्ला : दुकान।

हेमन्त : कसाई की।

शुक्ला : कसाई की?

हेमन्त : एक बकरा?

शुक्ला : बकरा?

हेमन्त : एक छुरी।

शुक्ला : छुरी?

हेमन्त : गिरती है।

शुक्ला : गिरती है?

हेमन्त : खच्च।

शुक्ला : **(आश्चर्य से)** हयँ–खच्च–**(घबराता है)**

हेमन्त : खत्म।

शुक्ला : कौन?

हेमन्त : बकरा।

शुक्ला : मगर शादी?

हेमन्त : कसाई–बकरा...छुरी।

शुक्ला : हयँ–कसाई...बकरा...छुरी...यह आप क्या कह रहे हैं भाई साहब, मेरी कुछ समझ में नहीं आ रहा है। लगता है, वाकई में इस वक्त आपकी तबियत ठीक नहीं है, मैं फिर किसी वक्त आऊँगा–नमस्कार... कसाई...बकरा...छुरी! शादी! **(वह बड़बड़ाता हुआ चला जाता है)**

हेमन्त : **(लम्बा साँस लेते हुए)** हूँ–लोग समझते हैं उनकी परेशानियों के हल दूसरों के पास हैं, मगर यह क्यों नहीं समझते, स्वयं की परेशानियों का हल सिर्फ स्वयं के पास ही होता है–फिर इतना तो समझना ही चाहिए, उनकी तरह दूसरों की भी कोई समस्या हो सकती है–मगर वो उस पर भी गम्भीरता से विचार करने देने के लिए तैयार नहीं हैं। ओफ्–मेरा खयाल है, मुझे यहाँ से फौरन कहीं दूर चला जाना चाहिए, यहाँ कुछ देर भी अगर रहा तो जरूर पागल हो जाऊँगा। **(जाने लगता है)**

(अविनाश को दरवाजे पर खड़ा देखता है।)

हेमन्त : कौन...?...अरे...अविनाश...तुम...?

अविनाश : जी...जनाब...पहचाना?

हेमन्त : लो...क्यों नहीं...कब आये?

अविनाश : बस अभी-अभी...सीधा एयरपोर्ट से ही चला आ रहा हूँ।

हेमन्त : एयरपोर्ट?

अविनाश : हूँ...

हेमन्त : और सामान वगैरा...?

अविनाश : वहीं।

हेमन्त : क्यों?

अविनाश : भाई, ट्रांजिट में था, सोचा सामान लाऊँगा, ले जाऊँगा–परेशानी रहेगी। बस तुमसे मिलना है, मिल लूँगा–और चल दूँगा।

हेमन्त : वाह! यह भी खूब मिलना रहा, एक टाँग यहाँ और दूसरी एयरपोर्ट

पर...!

अविनाश : अरे यार, टाँग साली कहीं भी रहे, दिल से दिल तो मिल ही गये न—बस वही तो सारा मसला था।

(दोनों हँस पड़ते हैं।)

हेमन्त : बिलकुल वैसे ही हो, जरा भी नहीं बदले...।

अविनाश : मेरी जान, दिल नहीं बदलते, चेहरे जरूर बदल जाते हैं।

हेमन्त : बेशक,...अच्छा यह तो बताओ, तुम्हें मेरा पता कैसे मिला?

अविनाश : बस मिल गया—छुपाओ लाख परदों में, दिले जाँ, तुम्हें ढूँढ़ ही लेंगे कहीं न कहीं।

हेमन्त : हाँ यार, ढूँढ़ तो लिया।

अविनाश : अमाँ, अजीब किस्म के आदमी हो, कब से यहाँ खड़ा हूँ, बैठने को नहीं कहोगे?

हेमन्त : क्यों, कोई मेहमान हो क्या...जहाँ मरजी बैठ जाओ।

अविनाश : मैं सर पर बैठ गया तो...! **(सोफे पर बैठते हुए)** अच्छा—वो हमारी भाभी साहिबा कहाँ हैं—? देवेन्द्र से मालूम हुआ था, तुमने शादी कर ली है, और यहाँ किसी अच्छी पोस्ट पर हो!

हेमन्त : हाँ यार, शादी भी कर ली, और नौकरी भी—उसके बाद तो इलाहाबाद कुछ ऐसे छूटा, जैसे वहाँ से कभी कोई ताल्लुक ही नहीं था—कई बार कोशिश भी की, मगर हालात...अच्छा बोलो, क्या पियोगे?

अविनाश : तुम्हारे हाथ का तो पानी तक भी नहीं, जो कुछ पीना-खाना होगा मैं भाभी जी से अपने आप कह लूँगा...।

हेमन्त : आई एम सॉरी, इस बार तो पानी आपको मेरे हाथों से ही पीना होगा।

अविनाश : क्यों भाई, क्यों?

हेमन्त : क्योंकि तुम्हारी भाभी साहिबा आज सुबह ही अपनी मदर के घर चली गयी हैं।

अविनाश : अच्छा, तो हमारे आने की खबर सुनते ही जनाब ने हमारी भाभी जी को पहले ही भगा दिया!

हेमन्त : और नहीं तो क्या करता...। खूबसूरत बीवी और चमकता हुआ हीरा, दोनों को ही बचाकर रखना चाहिए। बड़ी जल्दी ही चोरी हो जाते हैं।

(दोनों हँसते हैं।)

हेमन्त : और सुनाओ, तुम्हारे हंगामों के क्या हाल हैं? अब तो वैसे

भी विदेशों में घूमते रहते हो—सुना है, वहाँ तो सब कुछ फ्री है...।

अविनाश : इसमें तो कोई शक नहीं।

हेमन्त : तब तो काफी तरक्की पर होगे। यार, तुम्हारा वो स्लोगन अब भी जब कभी याद आता है तो हँसी आ जाती है...क्या कहते थे तुम...हाँ.. .'हर रोमांस हर निकलते हुए सूरज के साथ शुरू होना चाहिए—हर ढलते हुए सूरज के साथ खत्म हो जाना चाहिए'...यानी 'चेंज दी पार्टनर विद दी डे'...वाह-वाह क्या फिलॉसफी है, जैसे हर रोज नया होता है, वैसे ही हर प्यार भी नया ही होना चाहिए...

अविनाश : **(लम्बा साँस लेते हुए)** हाँ...यार, याद है, सब कुछ याद है।

हेमन्त : वह कालेज की लाइफ भी क्या लाइफ थी। क्यों, उसका अपना एक नशा नहीं होता क्या? एक छोटा-सा आदमी, हजारों मंसूबों के साथ उड़ता चला जा रहा है...न जाने कहाँ...क्यों...?

अविनाश : हाँ, आँखें बन्द किये, कदम तेजी से दौड़ रहे हैं...यानी अन्धा आदमी भाग रहा है तेजी से...हाउ डेंजरस...!

हेमन्त : हयँ...डेंजरस...माफ करना, यहाँ क्या तुम अपनी ही फिलासफी को खुद कण्ट्राडिक्ट नहीं कर गये?

अविनाश : वो फिलासफी नहीं थी हेमन्त, मेरा एक भ्रमजाल था, एक नशा, जिसमें हर शख्स अकसर बहक जाता है।

हेमन्त : क्या मतलब?

अविनाश : मतलब, वो जिन्दगी नहीं थी।

हेमन्त : तब?

अविनाश : वो उससे बहुत आगे थी।

हेमन्त : क्या?

अविनाश : हाँ—हेमन्त—एक दिन ख्वाबों के बीच सच सामने आकर खड़ा हो गया, अचानक—और मैं अपने इन ख्वाबों को थामे न रह सका—सब उसके सामने एक-एक करके बिखरते चले गये।

हेमन्त : मैं तुम्हारी बातों में, एक अजीब-सा चेंज देख रहा हूँ।

अविनाश : जरूर देख रहे होगे—हर सच के सामने, हर ख्वाब टूट ही जाया करता है। कपिला को जरूर जानते होगे...?

हेमन्त : लो, उसे कॉलिज में कौन नहीं जानता था! भाई उसकी एडवांसमेण्ट के तो, कहना चाहिए, सारे केम्पस में चर्चे थे—और तुम तो उसे

अव्वल दर्जे की फ्लर्ट लड़की कहा करते थे।

अविनाश : हाँ...वही...कपिला...।

हेमन्त : क्या हुआ उसे...?

अविनाश : उसे नहीं, मुझे...।

हेमन्त : तुम्हें...?

अविनाश : हाँ—मैं उससे प्यार करने लगा था...।

हेमन्त : **(जोर से हँसता है)** तुम और उससे प्यार—यानी तुम, और प्यार, क्या बात करते हो?

अविनाश : हाँ...हेमन्त, यह सच है।

हेमन्त : क्या...?

अविनाश : शी वाज ए ग्रेट लेडी...।

हेमन्त : क–पि–ला...?

अविनाश : हाँ, जो भोगा, वो कह रहा हूँ। पहले मैं भी अपने नजरिये के मुताबिक महज, एक शिकार करने के नजरिये को ही ले कर गया था। और कुछ हद तक मुझे यह महसूस भी होता रहा कि शिकार अब फँसा और अब फँसा—लेकिन अचानक ही क्या देखता हूँ—मैं खुद उसमें जा फँसा हूँ...।

हेमन्त : क्या कह रहे हो तुम...?

अविनाश : हाँ हेमन्त—एक दिन का वाकया है—मैं घर से कुछ 'स्लीपिंग पिल्स' अपने साथ ले कर आया था, जिसकी शीशी को उसे दिखाते हुए मैंने मजाक में कहा कि वो यदि इन तमाम गोलियों को खा जायेगी तो मैं समझूँगा वो मुझसे जरूर मोहब्बत करती है। मैं जानता था वो ऐसा कभी नहीं करेगी और जरूर कोई 'एडवान्समेण्ट' की दलील दे कर इसे 'अवोइड' कर जायेगी—मगर मेरे इस मजाक के करते ही—उसने मेरी तरफ एक बार गौर से देखा—सिर्फ यही कहा—यू आर ए फूल और तमाम शीशी की गोलियाँ एक साँस में खा गयी...।

हेमन्त : **(आश्चर्य से)** क्या...?

अविनाश : हाँ, उसके बाद, अपने एक दोस्त की मदद से, जिसके फादर का अपना नर्सिंग होम था, उसे वहाँ भर्ती करवाया और बड़ी मुश्किल से उसकी जान बच सकी—मैं इस वाकये के बाद फिर कभी भी उसके सामने आने की हिम्मत नहीं कर सका। उस रोज मेरे तमाम नजरिये

चकनाचूर हो गये—मेरा भ्रमजाल टूट कर टुकड़े-टुकड़े हो गया।

हेमन्त : उसके बाद...?

अविनाश : अचानक घर वालों के जोर देने पर, मुझे बाहर चले जाना पड़ा। इस बीच कपिला से भी कोई मुलाकात नहीं हो सकी और मैं धीरे-धीरे वहाँ जाकर इस 'इन्सीडेण्ट' को भूलता गया। मगर कुछ ही दिनों के बाद रेणू, मेरी छोटी बहन का एक खत आया, जिसमें उसने लिखा था—'कपिला से उसकी भेंट हो चुकी है—वो एक बार घर आयी थी, तुम्हें पूछा था—अब उसने हर धोखे को अपनी जिन्दगी का एक हिस्सा बना लिया है। और शायद एक दिन वो अपने को तोड़ डालेगी—मगर उसे इस तबाही में झोंक देने का गुनहगार मैं ही होऊँगा—खत के आखिर में उसने लिखा था—भैया, आप बड़े हैं, क्षमा चाहूँगी—यह कहते कि जरूर हमारे खानदान में कहीं से कोई खून आ गया होगा।'

रेणू के खत ने मुझे झकझोर दिया—मैंने उसी वक्त उसको एक लम्बा खत लिखा और अपने तमाम अपराधों को अपने सर पर लेते हुए कहा कि वो कपिला का पूरा ध्यान रखे, वो मेरी पत्नी है।

हेमन्त : क्या तुमने...?

अविनाश : हाँ, रेणू अपनी कोशिशों से फिर उसे निराशा से मोड़ लायी और बड़े फख्र से मुझे लिखा, तुम्हारी अमानत, मेरी भाभी कपिला अब सुरक्षित है—जल्दी सँभालो आकर...इसी के साथ कपिला का खत भी था, जिसमें लिखा था—वो जियेगी, खड़ी रहेगी—मैं जब तक लौट नहीं आता।

हेमन्त : ओफ्, व्हाट ए सरप्राइज...?

अविनाश : मैं सोचता हूँ आदमी का बड़ा होना, छोटा होना, उसके सोचने के ढंग पर ही ज्यादा निर्भर करता है—कभी-कभी हमसे बहुत छोटे भी जिन्दगी का कितना बड़ा छोर हमारे हाथ में थमा देते हैं—और हम फिर चलने लगते हैं...।

हेमन्त : खूब, बहुत खूब...।

अविनाश : बस, अब तो मैं उसका मुल्जिम, जल्द-से-जल्द अपने को उसके सामने डाल देना चाहता हूँ, ताकि दिल में उठ रहे इस ज्वारभाटे को सुकून मिल सके।

हेमन्त : बेशक, तुम्हें अब देर नहीं करनी चाहिए।

अविनाश : मैं अब तक इधर से उधर भटकता रहा, शायद एक सुकून के लिए, मगर आज कपिला को पाने के बाद मैं महसूस करने लगा हूँ—हर इन्सान के पास जिन्दगी, एक नायाब चीज है—जिसे वो जब भी चाहे, जहाँ से भी चाहे, फिर से शुरू कर सकता है। **(लम्बा साँस लेते हुए)** इस जिन्दगी के आसपास कितनी ही सीढ़ियाँ हैं, कितने ही मोड़, इन्सान जब चाहे, जहाँ चाहे, मुड़ सकता है, मंजिल जरूर सामने आ जाती है।

हेमन्त : बेशक, तुम ठीक कहते हो।

अविनाश : अच्छा अब चलूँगा—लौटते वक्त जरूर तुमसे मिलूँगा—कपिला भी मेरे साथ होगी।

हेमन्त : **(थोड़ा सकपकाता है)**...कपिला...हाँ...जरूर...जरूर...।

अविनाश : देखो, इस बार की तरह, अगली बार भी हमारी भाभी को हमसे छिपा नहीं लेना...सुना है, बहुत खूबसूरत है...

हेमन्त : हाँ, बहुत, अब दो बच्चों की माँ हो जाने के बाद तो और भी खूबसूरत हो गयी है, मगर चलो, तुम अपने जिगरी दोस्त ठहरे, तुम्हें तो दिखा ही दूँगा...।

अविनाश : सो नाइस आफ यू।

(दोनों हँसते हैं।)

अविनाश : अच्छा भाई चल दिये, देखता हूँ कोई 'डायरेक्ट फ्लाइट' मिल जाये तो, नहीं तो ट्रेन ही पकड़ता हूँ— ओ. के., सी यू।

(हेमन्त अविनाश को दरवाजे तक विदा करता है। फिर थका हुआ सोफे पर आकर बैठ जाता है। सिगरेट सुलगाता है—कुछ सोचने लगता है, कुछ परेशान-सा है—आगे की ओर चला आता है।)

हेमन्त : **(स्वयं)** कपिला...अविनाश...तो क्या वो सिर्फ कपिला के लिए ही इतनी दूर से चल कर आया है—वो कपिला जो उसकी नजरों में हमेशा एक आवारा, फ्लर्ट लड़की के सिवा, कभी कुछ नहीं रही—आज उसी को पा जाने के लिए, वो इतना छटपटा रहा है, ओफ्—शायद चेहरे के जरिये इन्सान को समझ पाना बिलकुल भी मुमकिन नहीं—आदमी जरूर इन्सान के अन्दर ही जीता है—शायद वहीं है इन्सान...। **(शीशे के सामने जाता है)** हूँ...मैं—मैं क्या हूँ...क्या कठघरे में खड़ा

एक मुजरिम नहीं हूँ—वो कपिला को यहाँ ले आया तो क्या मैं उसका सामना कर सकूँगा—क्या मैं खड़ा रह सकूँगा—उसके सामने जो अविनाश के जाने के बाद उससे प्यार का झूठा नाटक करता रहा—और पतन के गर्त में उसे और भी धकेल कर, यहाँ भाग आया हूँ—मैं, जिसने उसे विवाह का वचन दिया था—जीवन-भर साथ रहने की कसम खाई थी—क्या एक धोखा नहीं है—जो आज उसका सामना तक नहीं कर सकता...नहीं...नहीं...हम सब मुजरिम हैं—जो सिर्फ दूसरे के अपराध को ढूँढ़ने में ही अपना सारा जीवन गँवा देते हैं...।

(व्यंग्यात्मक हँसी में) मैं, हेमन्त माथुर, मेरा घर जो इस कालोनी के लिए एक आदर्श माना जाता है—अपनी पत्नी को घर से निकाल कर अपने को एक आदर्श पुरुष समझ रहा हूँ—एक तरफ अविनाश कपिला की पुरानी जिन्दगी को धो कर उसे सजा-सँवार लेना चाहता है, दूसरी तरफ मैं, जो अपनी पत्नी की पिछली जिन्दगी को खोद-खोद कर उसमें गड़े मुर्दे ढूँढ़ने की कोशिश कर रहा हूँ—उसे दफना देना चाहता हूँ—क्या मैं एक परिधि के अन्दर नहीं घूम रहा हूँ? अपने अपराधों को छिपा दूसरों के अपराधों को नहीं ढूँढ़ रहा...? क्या पाली की तरह मैं भी एक अपराधी नहीं हूँ। नहीं-नहीं—पाली मेरी पत्नी है—वो मेरे बच्चों की माँ है—मैं उससे अलग नहीं रह सकता—जिन्दगी वहीं से शुरू होती है जहाँ से इन्सान उसे शुरू करता है—अविनाश ठीक कहता है...पाली—पाली...रुक जाओ...रुक जाओ...

(तेजी से बाहर की ओर जाने लगता है—कि पाली को अटैची केस लिये सामने खड़ी देखता है—अवाक रह जाता है। पा...ली...!)

पाली : क्या सचमुच तुम चाहते हो—मैं चली जाऊँ?

(हेमन्त चुप रहता है, आँखें डबडबा आती हैं—कुछ भी उत्तर देने में असमर्थ-सा अनुभव करता है—केवल गर्दन हिला— नहीं का संकेत करता है। पाली खुशी से पागल हो, अटैची फेंक, तेजी से उसकी ओर दौड़ पड़ती है, उसकी बाँहों में भर जाने के लिए--)

(उसी समय राकेश प्रवेश करता है—दोनों को एक साथ देख वहीं ठहर जाता है।)

राकेश : ओह! सॉरी—मुझे कालबेल बजा कर आना चाहिए था—मगर इस

वक्त मैं बहुत खुश था। **(वापस जाने लगता है।)**

पाली : कोई बात नहीं, अब आ गये हैं तो आ ही जाइए भाई साहब...

राकेश : जी, भाभी, मैं आपको सिर्फ यह बताने आया था—कि मेरा वो, पुराना रिश्ता पक्का हो गया है—बस सिर्फ यह जानना चाहता हूँ कि शादी के बाद 'यह प्यार कैसे होता है—?'

हेमन्त : अभी जो देखा, वैसे...

राकेश : **(आश्चर्य से)**...क्या...?

पाली-हे. : **(दोनों)** हूँ...

(पाली-हेमन्त एक-दूसरे की तरफ देख जोर से हँस पड़ते हैं, उसी समय नरेश फोटोग्राफर कैमरा लेकर प्रवेश करता है और झट से कैमरा किलिक कर देता है।)

नरेश : एण्ड नाओ, आई गौट इट—थैंक यू—**(सब उसी स्थान पर स्थिर रह जाते हैं।)**

(प्रकाश मद्धम)

❖❖❖